JN236991

竹岡式
ルーツで覚える英単語

はじめに

1. 丸暗記の時代

　この本の元になったのは、毎日新聞の週刊英語学習紙「毎日ウィークリー」(http://mainichi.jp/life/weekly/)の連載です。２００６年６月から週1回のペースで掲載され、今も続いています。

　第１回から第57回までの連載をベースに、一部の例文を書き替えた上、2009年１月のオバマ米大統領就任演説を題材にした２回分を「番外編」として加えて、この本ができ上がりました。

　まさか自分が、英語学習紙で連載を担当することになるなど、思っても見なかった学生時代にさかのぼって「単語の面白さ」に出会うまでを振り返り、この本の魅力を知っていただけたら、と思います。

　中学1年生の最初、your の発音が「ユア」なのか「ヨー」なのかが分からず、２０代の女性の先生の所に尋ねました。先生は「どちらでもいいのよ」とニッコリされましたが、「どちらでもいいなんて。英語はいい加減な言語やなー」とがっかり。別の機会には this の発音を聞き「なぜ、t + h なのにこのような発音になるんだろう?」という疑問が湧いてきましたが、なぜだかサッパリ分からず、その後１月間ぐらい全く単語が覚えられませんでした。

　試行錯誤したあげくに「覚えるしか方法はない」と悟りましたが、英語に対する興味は随分と薄れていました。

2. 初めての語源との出会い

高校に入学すると、単語が「出てくる、出てくる」という感じでした。そんな中で、スヌーピーの作者、チャールズ・シュルッツのエッセーで「スヌーピーは誰でも描けるけれど、チャーリーブラウンの頭を描くのは難しい。なぜならそれは本当に flexible だからだ」という文を読み、「flexible ってチャーリーブラウンの頭のイメージなんや！」とうれしくなりました。でも、そのような幸運は滅多になく、ただひたすら暗記の日々でした。

どんなに努力しても、adapt ～「～を改変する、～を適応させる」と adopt ～「（考え、方法など）を採用する」の２つの単語が頭の中で混じり、辞書を引いて赤ペンで何度、印をつけても忘れてしまう。そこで、「何とか手がかりはないものか？」と考えたあげくに、adopt は -opt だから an optional tour「オプショナル・ツアー（強制ではない、選択可能な旅行）」と関連づけて覚えよう、という「妙案」を思いつきました。別に語源が同じだからとか思ったわけではありません。でもそれ以来、adapt と adopt を間違えることが皆無になりました。考えて見れば、それが語源との出会いの第一歩だったかもしれません。

その当時は、ad- が一体何を表すのか、とか考える余裕がありませんでした。でも、結果的に、その時に初めて「語源で覚えれば定着する」という体験をしたわけです。当時は、英語が嫌いで単語を覚えるのも四苦八苦し、山のような単語カードを作り、必死で覚えていました。

3. 覚えられない単語

そんな私にとって、英単語は次の4つに分かれていました。
・何となく形が面白くて、丸暗記可能な単語
　[例] phenomenon 「現象」
・日本語にもなっていて覚えやすい単語
　[例] tradition 「伝統」
・語呂合わせで覚えられる単語
　[例] dawn 「夜明け（ドーンと夜が明ける）」
・暗記困難な単語
　[例] flame 「炎」

　暗記に苦労する単語の1つ、manufacture「（メーカーなどが）製造する」は、歴史で学んだ「家内制手工業」という訳語がなかなか抜けませんでした。語呂合わせは、「限界がある」ということがすぐ分かりました。そして一番問題だったのが、この「暗記に苦労する単語」で、これはただひたすら「書き読む」を繰り返しました。英単語暗記用の本を買ってきて、1000語を書いて書いて10日間でそれを終わらせました。けれど1週間後に試験してみると、ほとんど覚えていないことが判明しました。

4. 語源に対する拒否反応

　私も多くの学生と同様、単語カードに書き込んで覚えたり、い

ろいろな単語集を試してみました。当時のベストセラー「赤尾の豆単（旺文社）」、「試験に出る英単語（青春出版社）」も、もちろん買っていました。「試験に出る英単語」は、実はすべての単語に語源が記載されてあります。ただ、その当時の私には活用できるものではありませんでした。たとえば invent は、in- + vent で、in- が「上に」で -ven「来る」とありました。これを見た僕の感想は「in は『中』やろ？」「語源はかえって邪魔くさいな。丸暗記の方がましや」というものでした。おそらく、読者の皆さんの中にも私と似た経験をされたことがある人が多いと思います。

　授業などでも、import、export などの語源が取り上げられることがありましたが、「なるほど、語源で覚えてよかった！」と思った経験はなく、本屋で「語源」という文字を見るだけで拒否反応を示すようになっていました。

5. 一転、語源に活路を見い出す

　自分の英語の力が伸びてくると、やはり単語の壁にぶち当たりました。英検 1 級レベルの語彙になると、どうしても覚えられない。「語源で覚えるしかないか」という思いになっていました。大学の専攻だった文学部米文学ではラテン語が必修でした。「砂を噛むような勉強」でしたが、後から考えれば私に大きな力を与えてくれました。当時は、単語を覚えるには「一体どのような場面で使われるのかが重要」という思いが生まれ、英英辞典を買い込み、ひたすら「良い例文」を探すことに熱中していました。英字新聞

も良質な例文の宝庫でした。「語源と良質な例文」の両輪が動きだした時代です。

　あるとき、教えている生徒が、triumph「勝利」は、なぜ tri-「3」なのですか？と質問してきました。さっぱり分からなかったので「1カ月、待ってくれ」と言って、語源関係の本を片端から買いました。その結果、-umph は、-phone「音」と関連があり、どうやら「勝利の凱歌を3回やる」という説を見つけました。歴史的には間違っているのかもしれませんが、とにかく面白い。「万歳三唱と同じやん」と思い、生徒に伝えました。

　その生徒は、それで英語に一層興味を持つようになり、京都大学の模試では英語で全国1番になっていました。彼のおかげで、私も語源に一層の興味を持つようになったわけです。

6. 「英単語って、おもしろい！」と実感

　この本の出版の申し出を受けた時、まず考えたのは「面白いものにしたい！」ということでした。なぜなら、私が書かなくても既に、英語の語源に関する本は多数あったからです。ただ、次の2点が不満でした。

1. 従来の語源を扱った単語集は、偏った単語しか扱われないことが多く、その結果、「語源による指導」は一部の単語に限られてしまうという、誤った印象を与えてしまいがち。
2. 語源を扱った単語集が、学術的すぎるため、「語の運用・活用」

という観点が欠落している。多くの読者が「実用的ではなく、少し難しい一部のマニアのもの」という印象を持っている。

せっかく本を書くなら、従来の語源の本には載っていないような単語まで取り上げ、できるだけ生きた例文をつけて「使われる場面」を示そう。そして何よりも「面白いものにしよう」と心がけました。ですから、読み物として読んでいただいて、「へー」と思っていただければ幸いです。

どのような英単語にも、現在の形になるまでには、歴史があり、物語があり、ドラマがある。conceptionという単語が、conceptという単語に変化するのに約200年かかっています。

昔覚えにくかったflame「炎」は、flamingoは「フラミンゴ」と同じく「赤い」と分かり、「面白い!」と思いました。また、ある書物で、contributeのtributeは「ローマの三頭政治」と関係があるからtri-「3」と関係する、という記述を読み「なるほどねー」と思いました。つまり、語源による学習は「覚えやすい」うえに「面白い」のです。生徒の英語に対する興味を引き出すには最善の方法ではないかとさえ、思うようになりました。そんなことを、みなさんにお伝えしたくて、毎日ウィークリーでの連載が始まり、今回、本になったわけです。だからこそ、この本は英語力アップを目指す社会人の皆さんはもちろん、大学受験を控えた方にも楽しく読んで頂けると自負しています。「英単語って、本当は面白いんだ!」と思って頂ければ幸いです。

7. この本の読み方

　この本では、英単語の語源で、読者のみなさんにとって、最も分かりやすいものを採用しました。語源はどこまでさかのぼるかで意味が変わります。古くは印欧語（インド・ヨーロッパ語）と呼ばれるものから、ギリシャ語、ラテン語、フランス語など様々な語を経由して現在の単語になっています。このため、語源を示す場合には、歴史的にどの時期の意味を示すかに思案しました。この本では、覚えやすく、意味に無理のないものを「語源」として採用しました。ですから、辞書によっては、語源が若干ことなるものもありますので、ご承知ください。

　たとえば、dis- は「分ける」で、distance「（離れて立つもの）距離」、distribute「（分けて与える）〜を分配する」などで有名です。ところが dishonest「不正直な」では、dis- は「反意語を作る」ように感じられます。本当は「正直を分ける」→「正直をバラバラにする」から「不正直な」となったわけです。よって、そのような場合には、覚えやすさを考慮して dis- は「分ける」としています。

【ラテン語になじみのない読者の方へ】
簡単なラテン語の発音について説明しておきます。基本的にはローマ字読みでOKです。
　［例1］amor　「愛」　　　→「アモル」
　［例2］Caesar「シーザー」→「カエサル」

［例3］deus 「神」 →「デウス」
［例4］pater 「父」 →「パテル」
ただし、jは「ヤ、ユ、ヨ」、vは「ウィ、ウェ、ウォ」と発音します。
［例5］juvenis「若者」 →「ユウェニス」
［例6］virus 「毒」 →「ウィールス」
どうです？簡単でしょ。ちょっと覚えておいて下さいね。

　この本では語源について、厳密には説明していません。語源はあくまでも「暗記のための手がかり」だとの思いからです。ですから、ラテン語や古代ギリシャ語の専門家の方からすると、「異議がある」ものも含まれているかもしれませんが、ご理解ください。この本は、「語源」は単語を楽しく覚えるための1つの手段にすぎないということを念頭に書いたものです。

【有効な記憶法】
1．冒頭の説明を読み、語源のイメージを思い浮かべる。
2．それぞれの英文の例文を読み、だいたいの意味を推測する。
3．各単語の説明を読み、例文を音読する。
4．次に進む。
5．ちょっとした空き時間に繰り返し読み返す。

（竹岡広信）

ストーリー・ナンバー（目次）

1. 年1回めぐる anniversary（記念日） ……… 12
2. 昆虫を切る insecticide（殺虫剤） ……… 16
3. たたかれた人で victim（犠牲者） ……… 20
4. ピッタリ合う adjust（調整する） ……… 24
5. 一緒にパンを食べる accompany（同伴する） ……… 28
6. 同時に起こる synchronize（シンクロ） ……… 32
7. 3回、凱歌を上げる triumph（勝利） ……… 36
8. 人がいない vacation（休暇） ……… 40
9. 中に流れ込む influence（影響する） ……… 44
10. お金で決着する fine（罰金） ……… 48
11. 後にとって置く reserve（予約する） ……… 52
12. 外に置く expose（さらす） ……… 56
13. 切り裂き捨てる dismiss（退ける） ……… 60
14. 手で書かれた manuscript（原稿） ……… 64
15. 外に価値を出す evaluate（評価する） ……… 68
16. 食欲をそそる appetizer（前菜） ……… 72
17. 世代を越える tradition（伝統） ……… 76
18. 捕まった人は prisoner（服役囚） ……… 80
19. 声に出し呼ぶ vocabulary（語彙） ……… 84
20. 何かに跳ね返る result（結果） ……… 88
21. 互いに引き合う contract（契約） ……… 92
22. 土に足つけ human（人間的な） ……… 96
23. 分け与える distribute（配る） ……… 100
24. 上から見ている supervisor（監督） ……… 104
25. みんな来るから convenient（都合がいい） ……… 108
26. きれいにする cleanser（洗顔料） ……… 112
27. 神聖なものにする sanction（制裁） ……… 116
28. 再び新しくする renovation（修復） ……… 120
29. 家を管理する ecology（エコロジー） ……… 124
30. 強く照らして enlighten（啓発する） ……… 128
31. ぶら下がっている appendix（盲腸） ……… 132

32.	私的な法律 privilege（特権）	136
33.	枠内で使う term（用語）	140
34.	付き添いのない unattended（不審な）	144
35.	外へ延ばす extend（延長する）	148
36.	家の中は domestic（国内の）	152
37.	哲学者らしく philosophical（冷静な）	156
38.	検査しつつ読む proofreader（校正者）	160
39.	長く続けられる endure（我慢する）	164
40.	バシャバシャと splash（ぬらす）	168
41.	圧力メーターから barometer（指標）	172
42.	突然出てくる emergency（緊急）	176
43.	習慣化して accustomed（慣れる）	180
44.	下に押される depression（うつ）	184
45.	ちょっと変える alternative（代案）	188
46.	膨らみは breast（胸）	192
47.	風にそよぐアネモネから anemometer（風力計）	196
48.	一緒に築く construction（建設）	200
49.	1人でいる solitary（単独の）	204
50.	再び見るほど respect（尊敬する）	208
51.	前を見る prospect（見込み）	212
52.	後に進む recession（不況）	216
53.	相手と進む concession（譲歩）	220
54.	あらかじめ取る presume（想定する）	224
55.	グルグル回る circuit（回路）	228
56.	外に出る issue（問題）	232
57.	ねじって返す resort（言い返す）	236
58.	「オバマ演説」番外編 信用するのが creed（信条）	240
59.	「オバマ演説」番外編 愛して解放する freedom（自由）	244

INDEX（索引） 249

1. 年1回めぐる
anniversary（記念日）

　universe と言えば、uni-「1」と verse「回る」です。大宇宙の銀河系を思い浮かべてください！グルグル大きな渦巻きを描いてますね。まさに universe！という感じがしませんか？語源の知識を身につければ全体の8割ぐらいは楽に暗記できますよ。さあスタート！

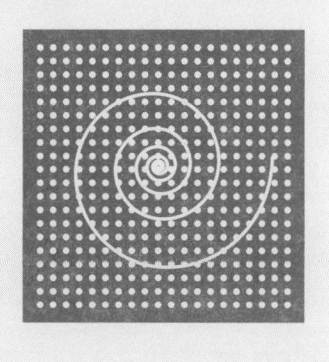

Q Peace is a universal ambition.

A verse は「回る」です。これは重要ですから是非覚えてくださいよ。uni- は「1」を表します。uniform は「形が1つ」で「ユニフォーム」なんですね。unicorn というのは「角が1つ」の生き物で「一角獣」です。ですから universe は「1つのものがぐるぐる回る」感じですね。宇宙は確かに渦巻き状にぐるぐる回っていますよね。outer space も「宇宙空間」の意味ですが、universe の方が「すべてを包括した、この世のありとあらゆる物」という広大なイメージがあります。ですから universal は「この世のすべてに当てはまる → 普遍的な」という意味となり、上記の訳は「平和は普遍的な願いだ」となります。

Q We are here to celebrate the 100th anniversary of the foundation of our school.

A 次に anni- は annual「年一回の」の意味です。ですから anniversary は「年一回巡ってくるもの → 記念日」ということになります。この単語は結婚記念日などの「おめでたいこと」から、戦後50年目とか、故人の13回忌などの場合にも使えることに注意してくださいよ。the 10th anniversary は、必ずしも「10周年記念」という明るいイメージを持つとは限りません。文脈をよく見て訳を考えてくださいね。上の訳は「ただいまから我が校の創立100周年祭を挙行いたします」となります。

Q We had a conversation over a cup of coffee.

A conversation「会話」の動詞形は converse です。これは con- が「一緒に (= together)」+ verse ですから、converse は「みんなで回る」ことです。会話では、次から次へと話す順番が巡ってくる感じをつかめればよいと思います。上の訳は「私たちはコーヒーを飲みながら会話をした」です。

Q People of diverse cultures get together at the Olympic Games.

A diverse も verse が入っていますね。di- は元々は dis でした。dis- は「分ける」が基本的なイメージです。distance は「距離（2 つのものが離れて立っている）」ですね。disverse では言いにくいためか、s が脱落して diverse になりました。ぐるぐる回って外へ外へと枝分かれしている感じをつかんでください。濡れタオルを思いっきり回して水が四方八方に飛び散るイメージです。それが diverse「多様な」の雰囲気です。ですから diverse cultures と言えば、日本の文化や、ギリシャの文化や、ガーナの文化などが入り交じっている感じです。訳は「様々な文化の人々がオリンピックに集う」でいいでしょう。

Q I bought this reversible jacket at the flea market.

A re- は、「逆 (= back)」ですから、reverse で「逆回転 → 逆」の意味です。a reversible jacket は「表裏とも着ることができる上着」という意味です。日本語でも「リバーシブル」とか「リバーシー」とか言いますね。訳は「私はこのリバーシブルの上着を蚤の市で買った」となります。

Q Disagreement about the issue generated months of controversy.

A contr- は「反対・あべこべ」の意味です。contrary が有名だと思います。

［例］contrary to popular belief「世間の考えとは逆に」。ですから controversy は「大逆回転」のイメージで「長期間にわたる大論争」のことを意味します。多くの人が「ああでもない、こうでもない」と長々と言い合っている様を思い浮かべてください。months of で「何カ月もの」ですから、上記の意味は「その問題に対する意見の不一致のため議論は何ヵ月にもおよんだ」ということになります。

2. 昆虫を切る
insecticide（殺虫剤）

　道路の開通式などでテープカットを見たことがありますね。関係者みんなでテープを切って「サァー！ 行くぞ！」って、感じですね。実はdecide（決定する）、decision（決定）はまさに、そのような感じの単語なのです。

Q My mother was desperately looking for insecticide after she came across a cockroach.

A decide の中心となっている -cide は「切る」という意味です。de- は down か away の意味合いですから、de-cide は「エイヤーと何かを叩き切って落とす」感じがします。scissors（はさみ）も同じ語源です。ですから insecticide は insect「昆虫」を -cide「切る」、つまり「殺虫剤」の意味になり、上の文は「うちの母はゴキブリを見つけた後、必死になって殺虫剤を探した」となります。

Q This year homicide cases are on the increase.

A 「ホモサピエンス（Homo sapiens）」というのを聞いたことがあるでしょう。これは「人間」のことですね。ですから homicide は「人間を切る」から「殺人」の意味になり、上記の文は「今年は殺人事件が増加している」となります。主にアメリカの司法で使われる堅い単語です。

Q The young terrorist carried out a suicide attack using a bomb-filled truck.

A sui- は self の意味で、「自分を切る」から、suicide は「自殺」の意味となり、上記の文は「その若いテロリストたちは、爆弾を積んだトラックで自爆攻撃を行った」となります。

Q This pesticide kills insects and small animals, but does no harm to other creatures.

A pest は、昔大流行したペストという病気です。そこから「厄介なもの」という意味をもつようになりpesticide は「厄介なものを切る」が原義ですが、現在では「殺虫剤」の意味で用いられます。上記の文は「この殺虫剤は昆虫と小動物は殺すが、他の生き物には無害である」の意味となります。insecticide は「昆虫に対する殺虫剤」ですが、pesticide は、small animals も対象になる殺虫剤のことです。

Q Children derive comfort from familiar surroundings.

A derive をよく見ると、de- と -rive に分かれています。de- は decide にも登場した down / away の意味でした。この -rive は実は river のことなのです。arrive は「川を渡って向こう岸に着く」が原義で、その時に一緒に競争する人が rival でした。そこで derive は、元々、「川から水を引いて来る」という意味を持っていたのです。ですから derive A from B で「B から A を引き出す」の意味になりました。現在、A には pleasure や comfort などのプラスイメージのものが来ます。ですから、上記の英文の意味は「子供はなじみのある環境から快適さを引き出す」→「なじみのある環境に置かれると子供は安心する」となります。

Q This is a word which derives from Latin.

A　derive は、再帰代名詞を目的語に置くと derive oneself from「〜から自らを引き出す」となり、ここから oneself が省略されて derive from となり、「〜に由来する」という訳語を当てることが可能になりました。上記の英文の意味は「これはラテン語に由来する語である」となります。このような oneself の省略はよく見られますので、ぜひ覚えておいてください。

［例］You are to blame.　「悪いのは君だ」

これは You are to blame yourself.「君は君自身を責めるべきだ」から yourself が脱落したのだと考えればわかりやすいですね。

3. たたかれた人で
victim（犠牲者）

　そろそろ語源からのアプローチに慣れてきましたか？「語源を知ればすぐに覚えられる！」というものではありませんが、語源を知ることで、単語に対する興味が増し、暗記もずいぶんと楽になると思います。この国の受験生が単語の丸暗記から解放される日を願っています！今回は、Vサインで有名なvictory「勝利」に入っている-vict-「たたく」を扱います。

Q People gathering there were excited by his victory speech.

A vict- は「たたく」です。そこから victory は「敵をたたいて勝利した状態」という意味です。victor は「たたいた人＝征服者」で、「勝利者」の意味となります。日本には日本ビクターという会社がありますね。犬が蓄音機に向かっている絵を商標としている会社です。「日本勝利者」とはなかなか勇ましい名前ですね。なお、あの犬はフォックス・テリアという種類の犬で、名前は「ニッパー」というそうです。話が随分と脱線してしまいましたので、本題に戻りましょう。victor の女性形が victoria です。ビクトリア女王の Queen Victoria もこの単語です。victory は、victor「勝利者」＋ y です。語尾の y は、しばしば抽象名詞をつくります。たとえば、a poem は「（一つの）詩」ですが、poetry といえば「詩（全般）」のことです。同じように a photograph は「（１枚の）写真」ですが、photography といえば「写真（全般）」です。なお、poetry も photography も不可算名詞（数えられない名詞）であることに注意して下さい。なお、上記の victory speech は、アメリカ大統領などが選挙で勝ったあとに行うようなスピーチで上記の文は「そこに集まった人々は彼の勝利宣言に興奮した」という意味です。

Q The Red Cross distributed aid to the victims of the famine.

A victim は、「たたかれた人」→「犠牲者」となります。この語は元々は「神にささげられる生け贄」の意味でしたが、それが変化して現在の意味になりました。上記の意味は「赤十字はその飢饉の犠牲者に対して救援物資を分配した」となります。余談ですが、disaster「災害」は dis-「分ける」+ aster「星」です。aster は、「星」を意味するギリシャ語からきています。asterisk といえば「＊」のマークのことです。astrology といえば「占星術」です。ですから、disaster とは、「占星術において、自分の星が離れて好ましくない位置にあること」からきています。

Q Everyone in the community has a firm conviction that foxes are the messengers of gods.

A con- は together の意味から「強調」のために使われる接頭辞です。よって conviction も「たたくこと」が元の意味だと分かります。この単語では、動詞形 convince ＋人＋ of ... ／ that SV「〜に…／ＳＶを確信させる」も重要です。

［例］It'll be hard to convince you of my innocence.
　　　「僕の潔白を君に分かってもらうのは難しいだろうね」

さらに受動態となり、

［例］I am convinced that we will succeed. 「僕たちが成功することを僕は確信している」

というのも重要です。なお、上記の表現は「その社会の人は皆、キツネが神の使者であると堅く信じている」の意味です。なお、convincing といえば「人を納得させる」という意味の形容詞です。

［例］convincing scientific evidence 「納得できる科学的な証拠」

Q Jack was convicted of driving under the influence of alcohol.

A convict は、高校生には少し難しい単語ですね。ただ語源は convince とほぼ同じで、「徹底的にたたかれた人」です。ですから convict 〜 of ... で「…の罪で〜を有罪にする」になります。よって上記の英文は「ジャックは飲酒運転の罪で有罪となった」という意味です。

4. ピッタリ合う
adjust（調整する）

　英語を勉強していると、ass- とか acc- というように「a + 子音字 + 子音字」で始まる語が多いことがわかります。実はこれは、すべて ad- という接頭辞からきています。ad- は、元々は「〜に向かって」という意味なのですが、現在では無視してもよいことが多いのです。語源から単語の意味を考える場合、非常に重要な接頭辞ですからぜひ覚えてください。今回は純粋に ad- で始まるものだけを扱い、次回にはその変形を取り上げる予定です。

Q A lot of people go through emotional difficulties during adolescence.

A ad- は「〜に向かって」で、-ole- は old と同じで「年をとった」、-scence は、「変化する」の意味です。ですから「老人に向かって変化しつつあるもの」から「青年期」という意味です。なお、この scence と同じ語源をもつ語は、increase「増加する・増加（この in- は強調と考えればよい）」、a crescent「三日月（満月に向かって徐々に変化するもの）」、a croissant「クロワッサン（三日月型のロールパン）」、crescendo「クレッシェンド（音楽用語で音がしだいに大きく強くなること）」があります。上記の文の意味は「思春期に心の葛藤を経験する人は多い」です。

Q The first thing to do is to adjust the chair to a more comfortable height.

A -just- は「ぴったり」の意味ですから、「ぴったりに向かって」の意味です。そこから「〜をぴったり合った状態にする」という意味になります。たとえば、adjust the clock といえば「時計の時間を合わせる」の意味となります。中年の腹の出たおじさんが、ズボンを調節するためのものを an adjuster「調整器具」といいますよね。上記の英文の意味は「まず最初に心地よい高さになるように椅子を調整して下さい」です。

Q The room is small but adequate for our family.

A -equ- は、もちろん equal「等しい」です。the equator なら「赤道」です。これは「北極点からと南極点からの距離が同じ線」という意味ですね。a country right on the equator で「赤道直下の国」の意味となります（right は強調の副詞）。エクアドル（Ecuador）は、つづりは変化していますが、本来は「赤道にある土地」の意味です。以上から adequate の意味は「同じに向かって」です。そこから「ある目的に対して必要な数量がある」の意味です。日本語では「十分な」の訳語も可能でしょう。上記の訳は「その部屋は狭いけれどうちの家族には十分だ」となります。

Q The school is seeking to adopt a new approach to discipline.

A opt は「選択する」です。旅行などの「オプショナルツアー」というのを聞いたことがありますか？「自分で選択できる・追加のツアー」の意味ですね。adopt の場合には、ad- の意味がほとんど消えて「〜を採用する」の意味になります。なお adopt a child なら「子どもを養子として採用する→〜を養子にする」の意味となります。上記の意味は「その学校は躾に関する新たな取り組みを模索している」です。

Q With the advent of the motorcar came a new era.

A -ven- は「来る」で、これは重要な語幹ですから、また別の機会に詳しく扱いたいと思います。たとえば convention「集会（みんな来ること／con- は together の意味）」や、convenient「都合がよい（みんなが一度に来るから都合がよい）」などがあります。この advent も ad- の意味が消え、「来ること→到来」の意味です。ふつう the advent of の形で使います。上記の意味は「車の到来と共に新たな時代が始まった」です。

Q Jane is such a strong advocate of animals' rights that she went into a pet shop and released all of the birds.

A -voc- は「声」です。vocal「ヴォーカル」は有名ですよね。a vocation といえば「神の声」つまり、神様が「おまえはこれをやりなさい」って感じでしょうか。「天職」の意味です。ですから advocate は「〜に向かって声高に叫ぶ→（主義など）を主張する」の意味です。上記の英文は「ジェーンは動物の権利をとても強く提唱する人であるので、ペットショップに入り、全ての鳥を鳥かごから逃した」の意味です。

5. 一緒にパンを食べる
accompany（同伴する）

　今回は、前回取り上げた ad- の応用形です。この接頭辞は、b / c / f / g / n / p / r / s / t の前では、その子音に影響されて、それぞれ ab- / ac- / af- などに変化します。また、その場合、ad- 本来の意味「〜に向かって」がなくなってしまうことも多いということを覚えておいて下さい。ちなみみ @（英語では at sign と読みます）はこの ad から来たことを知ってましたか？

Q These days genetic engineering is often associated with cloning.

A as- は ad- の変形ですから無視してください。すると society「社会」という単語が隠れているのが分かりますね。そこから associate A with B で「AとBを同じ社会に入れる」となり、そこから「本来は別々の社会に属していたAとBとを結びつける」となります。日本語訳は「AとBを結びつける」、あるいは「AからBを連想する」などです。上記の英文の意味は「近頃、遺伝子工学と言うと、クローンと、結びつけられる」となります。なお associate oneself with ～「自らと～を結びつける」から oneself が脱落し、associate with ～となり「～とつきあう」という意味が出てきます。ただし「～」には、庶民の社会から遠く離れた存在、とりわけ世間でマイナス評価を受けている人が入ります。ですから英作文での使用は慎重にしてください。

［例］If you associate with such people, you will get into trouble some day. 「あんな連中とつきあっていると、いずれ困ったことになりますよ」

Q It took several months to accomplish my mission.

A ac- は ad- の変形ですから無視してください。complete「完成する」という単語が元であるとわかればよいでしょう。accomplish の方が、complete より威厳のある響きでしょう。ですから accomplish の方が complete よりはるかに大げさな場面で使うわけです。上記の英文は「自分の任務を完了するのに数ヵ月かかった」という意味です。なお mission は、Mission Impossible（邦題『スパイ大作戦』）というドラマがありましたが、ご存じでしょうか？

Q "Information Technology" is usually abbreviated to "IT."

A 最初の ab- は ad- で無視してください。後ろの brevi は brief「短い」が変形された形です。ちょっと品が悪いですが男物下着のパンツを「ブリーフ」と言いますよね。ですから abbreviate は「～を短くする」→「～を短縮する」という意味になるわけです。(be) abbreviated as / to ～「～に短縮される」で覚えておいて下さい。上記の訳は「情報技術はふつうITと略されます」となります。

Q Thank you for coming. I appreciate it.

A 最初の ap-（= ad-）を取り去ると precious が見えてきます。precious は、祖父母の形見など、「かけがえのな

いぐらい大切な」という意味です。ですから appreciate は「〜を貴重だなーと思う」ことです。目的語に絵画や彫刻などが来た場合には、「〜を鑑賞する」という訳語を当てます。よく使うのは I'd appreciate it if you could 〜．「〜してくれると有り難いのですが」という決まり文句です。上記の文の意味は「来てくれてありがとう。感謝するよ」となります。

Q Children under 14 must be accompanied by an adult.

A 最初の ac-（= ad-）を無視すれば company「仲間」が見えてきます。この単語は com-「一緒に」pan「パン」を食べる、が原義です。よって accompany で「〜で一緒にいること」→「〜に同伴する」となります。上記の意味は「14歳未満のお子様は保護者同伴でなければなりません」です。

Q Both sides affirmed their commitment to the ceasefire.

A 最初の af-（= ad-）を無視すれば firm が見えてきます。firm は「しっかりした」という意味の形容詞で、たとえば a firm belief「固い信念」などと用います。よって affirm は「〜を固くする」→「〜をはっきりと主張する」という意味になりました。上記の英文は「双方とも停戦に合意したことを確認した」という意味になります。

6. 同時に起こる
synchronize（シンクロ）

　「オリンピックの水泳の華」といえばシンクロナイズド・スイミングですね。選手たちの一糸乱れぬ動きは本当に素晴らしいですね。今回はその「シン（syn-）」の話をしたいと思います。この接頭辞は sym- となる場合もありますが、一般に「p, b, n の前は n は m に変わる」と覚えておいてください。例外は input です。

Q I have no sympathy for students who cheat on tests.

A sym- は「同じ」と覚えてください。pathy は「感情」です。ですから「誰かと気持ちを同じにすること」です。不幸な境遇にある人に「同情」する意味や、ある意見の持ち主に「共感」する意味で用いられます。上記の英文の意味は「試験でカンニングする学生には（同情できない→）同情の余地はない」です。なお sympathy の反対語は antipathy「反感」。これは「アンチ〜」という日本語にもでてきます。ついでに apathy も覚えておきましょう。この語の a- は「否定」の意味ですから「感情が無いこと→ 冷淡」の意味です。

［例］Authoritarian management often leads to apathy among employees. 「経営陣が権威主義的では従業員従業員が冷めてしまうことが多い」

Q What are your symptoms?

A sym-「同じ」+ ptom「落ちる」(ptom は応用することは少ないですから忘れても結構です)。たとえば、「咳が出て熱が出る」というのは「風邪をひいた状態」と「同じ」ですね。ですから「身体がある状態にまで機能が低下（＝落ちる）」＝「ある病気の状態に陥っている」わけです。そこから symptom は「症状」の意味で用いられます。なお上記の文の意味は「どんな症状ですか？」です。

Q Examples of synonyms are the words "baby" and "infant."

A syn-「同じ」+ -nym「名前」から「同義語」の意味です。反意語は antonym「反意語」です。上記の英文の意味は「同義語の例は『赤ん坊』と『幼児』だ」です。

Q Before the start of the marathon, the runners were given an opportunity to synchronize their watches.

A syn-「同じ」+ -chro-「時間」+ -ize「～にする」です。ここから「(2つ以上のものが)同時に起こる／起こるようにする」の意味になりました。シンクロナイズド・スイミングは、まさに各自の動きが音楽に合わせて同時に行われていますよね。上記の意味は「マラソンのスタートの前に、走者たちは時計を一斉に合わせる機会が与えられた」です。マラソンのスタート前などをイメージしてください。

Q The teacher arranged the dates of famous inventions in chronological order.

A chron-「時間」+ logic「論理」+ -al 形容詞語尾から「時間を論理的に並べたもの」という意味です。chronology といえば「事の推移を時間の経過とともに示したもの」のことです。英字新聞で何かの事件が起きたときに、その経緯を示す囲み記事の題名にこの単語が用いられて

います。in chronological order といえば「時間の順序に」の意味です。上記の意味は「先生は有名な発明がなされた日を年代順に並べられた」です。

Q I have been suffering from chronic arthritis for years now.

A chronic は、「時間がかかる」から「慢性の」の意味になりました。ですから上記の意味は「私は長年の間、慢性関節炎に苦しんでいる」です。なお「慢性」とは、米国の国立保健統計センターによると「3カ月以上続く病気」ということです。この反意語は acute「急性の」で、さらに「慢性」と「急性」の中間に位置する状態を subacute「acute の下」と言うそうです。

7. 3回、凱歌(がいか)を上げる
triumph (勝利)

　Phone と言えば「電話」です。映画『E.T.』で、E.T. が "E.T. Phone Home"「ET 家に電話」と言っていたのが印象的でした。この phone の -ph- は、元々は「言う」の意味でした。つづりは違いますが、fa / fe も同じ「言う」です。

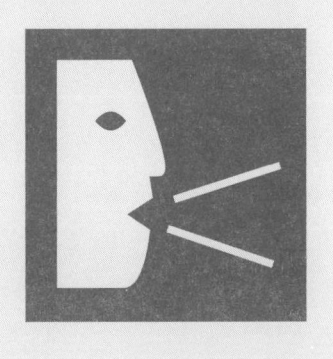

Q Tom confessed that he really didn't know my name.

A con- は together ですから「すべて」。-fe- は「言う」。ですから「すべて言う」が直訳となります。ほとんどの場合、犯人が警察に罪を「白状する」という文脈で用いられます。名詞・動名詞を後ろに置く場合には、confess to の形で用いることに注意して下さい。
［例］Nancy confessed to being a spy for the KGB.
「ナンシーは KGB のスパイであることを白状した」
上記の英文の意味は「トムは本当は私の名前を知らないと打ち明けた」です。

Q I hear that Jennifer has been informally appointed a professor.

A pro- は「前方」の意味です。progress「進歩」は pro-「前方」＋ -gress「進む」です。-fe- は「言う」ですから、profess は「(聴衆を前にして)言う」→「公言する」が元の意味です。ですから a professor は「公言する人」から「教授」の意味になりました。私が大学生のころの大学の教授といえば「前でボソボソつぶやく」というイメージですが、この単語とは随分と違いますね。上記の英文の意味は「ジェニファーが教授に内定したらしい」です。

Q Today we are going to have a meeting to decide the fate of the factory.

A fate の原義は、「言われたこと」です。起源は定かではありませんが「神が言われたこと」か「預言者が言われたこと」かだと思われます。そこから「運命」という意味を持つようになったのですが、どちらかといえばマイナスイメージの語で「宿命」と言ってもいいかと思います。destiny も「運命」という意味ですが、こちらにはマイナスイメージはありません。上記の英文の意味は「今日、その工場の運命を決する会議が開かれる」です。

Q Cobra bites can be fatal.

A fate の形容詞形です。元々 fate がマイナスイメージですから、この単語もマイナスイメージです。ですから上記の意味は「コブラに噛まれると命に関わることがある」となります。

Q The politician is criticized for always seeking fame and fortune.

A fame は「みんなが口々に話す」が原義です。ただし、プラスイメージで「みんなに知られていること」から、「名声」という意味を持つようになりました。この形容詞形の famous「有名な」は、まさに有名だと思います。上記の英文の意味は「その政治家はいつも名声と富を追い求めていると批判されている」です。

Q Our PE teacher emphasized the importance of getting exercise at least twice a week.

A em- は en- と同様に動詞をつくる接頭辞です（n は p、b、m の前では m になります）。enjoy「〜を楽しむ」や encourage「〜を勇気づける」や enable 〜 to (V)「〜が V するのを可能にする」は有名だと思います。ですから、emph- は「声を出す」を動詞化したものと考えます。-ize も動詞化ですから、とにかく「声に出す」という意味です。そこから「〜を強調する」という意味が出来上がったと思われます。上記の英文の意味は「私たちの体育の先生は、少なくとも週に2回は運動することの重要性を力説された」です。

Q The winning team returned home in triumph.

A umph- は、上の emphasize の emph- の親戚のようなものです。「凱歌を上げる」という意味だそうです。tri- は「3」の意味ですね。a tricycle「三輪車」や、triple「3倍の」が有名ですね。そのココロは日本語の「万歳三唱」と同じですね。不思議なことにこの単語も同じイメージなのです。「凱歌を3回上げる」わけですね。英語の場合は誰かが Hip, Hip と言って、Hooray とみんなで続けます。これを3回やるわけです。なお「凱旋門」は a triumphal arch と言います。上記の英文の意味は「その勝利を収めたチームは祖国に凱旋した」です。

8. 人がいない
vacation (休暇)

　下水道がまだ今ほど発達していなかったころ、バキュームカーが街中を駆け巡っていました。タンクの中を真空にして下水をどんどん吸い込むようにつくられた車です（ただしこれは和製英語です。英語では a collection car などと呼ぶらしいです）。今回はこの vacuum の va「空」を取り上げます。

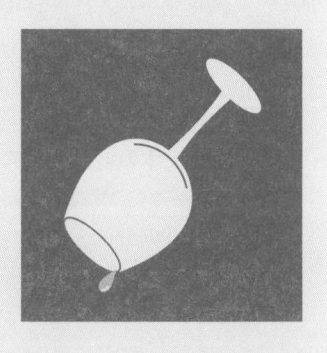

Q Two-thirds of the apartments in the building are vacant.

A 飛行機のトイレの表示を見たことがありますか？人が入っている時は occupied「占有された」です。これは occupy「（時間・空間を）占有する」の過去分詞形です。それに対して、人が入っていない時は vacant「空き」の表示が出ます。このように、vacant は「ある空間に何もない」の意味ですから、a vacant room と言えば、使用されていない部屋です。上記の文は「そのアパートの部屋のうちの3分の2が空き部屋になっている」を意味します。

Q This new vacuum cleaner has the advantage of being light yet powerful.

A vacuum は「真空（の）」ですから、a vacuum cleaner で「真空（を利用した）掃除機」、つまり「この新型電気掃除機の強みは軽量だが強力だということだ」のことです。

Q A vast area of rain forest was destroyed by the forest fires.

A vast は、語尾が -st で終わっていることから分かるように、元々は「最上級」です。ですから「空っぽの中の空っぽ」ですね。原義は「（何もない）広大な」で、a vast desert「広々とした砂漠」などで用いられました。今ではこの意味が発展し、もっと幅広い意味で「広大な」で用いられています。上記の意味は「広大な熱帯雨林がその森林火災によって破壊された」です。

Q Hawaii remains a popular choice for winter vacation travel.

A vacation は「人がいないこと」が原義です。on vacation といえば「休暇中」の意味です。似た単語に holiday（元は holy「神聖な」＋ day「日」）がありますが、こちらの方はアメリカ英語では「休日」です。いわゆる「祝日」は a national holiday となります。「休暇をとる」は have a vacation、あるいは take a vacation です。なお、上記の意味は「ハワイは今でも、冬期休暇中の旅行の人気スポットだ」です。

Q If you hear a fire alarm, you should evacuate the building.

A e- は ex- と同じで「外」。ですから「（中を空にして）外に出る」が原義です。そこから「～の外へ避難する」の意味です。一般に -ate で終わる単語は、2つ前の母音字の上にアクセントがあります。ですから最初の a にアクセントがあります。上記の意味は「火災報知器が鳴った場合、建物の外に避難して下さい」です。

Q The family vanished without a trace.

A vanish は「空になる」から「忽然と消える」の意味です。「かき消すように消える」という感じで使われます。上記の英文は「その家族は何の痕跡も残さず消えた」という意味です。なお、-ish は動詞を作る場合と、形容詞を作る場合があります。

Q I tried in vain to persuade my parents to buy me a cell phone.

A vain は「空の」から、「むなしい」に発展した形容詞です。ただし in vain では名詞で用います。in vain は「むなしさの中で」が原義ですから「〜したけど無駄だった」という意味で用いられます。try in vain to (V) という形が頻出です。上記の英文の意味は「携帯電話を買ってくれるように親を説得したけれど無駄だった」となります。

Q Bob's life is driven by vanity.

A vanity は vain の名詞形です。「形のない空虚さ」から発展し、「虚栄心」という意味を持つようになりました。「外はブランド品でかためて中身は空っぽ」という感じでしょうか。上記の英文は「ボブの生活は虚栄心で突き動かされている」ですから、「ボブの生活は虚栄心で満たされている」ぐらいに訳してもよいと思います。

9. 中に流れ込む
influence（影響する）

　言葉は、読んでみた時にその単語の感じが何となく分かるものがあります。例えば「スイスイ」といえば、いい感じですね。「スルスル」も流れるような感じですね。このような音と意味の結びつきは英語でも起こります。今回はその中でも -fl-、-flu- を扱います。これらは流れるような感じの語幹です。では見ていきましょう。

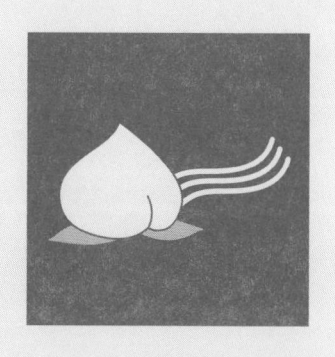

Q There is a fly on the ceiling.

A flag は「旗」で、fly は「飛ぶ」。流れる感じがつかめるでしょうか？ ただし、名詞の fly は「ハエ」でしたね。「飛ぶといえばハエ」というのは納得しかねる感じもしますね。上記の英文の意味は「天井にハエがとまっている」です。

Q Cholesterol builds up and chokes off the flow of blood.

A 突然ですが flow の過去形は書けますか？ この質問の答えとして flew という人がとても多い。fly − flew − flown ですね。flow は規則変化動詞で、過去形は flowed です。flow は「流れ・流れる」の意味ですから、上記の英文は「コレステロールが蓄積して血液の流れを止める」です。

Q Surprisingly, Kenta spoke to me in wonderfully fluent English.

A fluent は「流れるような」から「スラスラと・流ちょうな」の意味ですから、上記の英文の意味は「驚いたことに、ケンタは素晴らしく流暢な英語で私に話しかけてきた」です。余談ですが、英語などの言語を少し話せる、は speak English a little ではなくて、speak a little English が普通の言い方です。とても上手ならば speak wonderful / marvelous / excellent English と言語の前に形容詞をつけることに注意して下さい。

Q I have been down with the flu for a week.

A influenza は、「人々の身体に流れ込むもの」から、インフルエンザと命名されました。現在の英語では、略して flu と言うことが多いことも覚えておいて下さい。上記の文は「私はインフルエンザで1週間寝たきりです」という意味です。

Q We have to digest a continuous flood of messages every day.

A flood は「水がドッと流れ込むこと」→「洪水」の意味です。さらに a flood of 「おびただしい数の〜」の意味に発展します。また、flood は動詞としても使います。
［例］A week of heavy rain flooded many towns in the area. 「一週間にも及ぶ大雨でその地域の多くの町は冠水した」
上記の文は「私たちは毎日絶え間ない情報を消化しなければならない」という意味です。

Q Some people believe in the influence of the stars on people's lives.

A in + fluence ですから「（思想などが）流れ込んで来る」→「影響する」という意味です。ただし、これは直接的な命令や指示を出すことなく、間接的に影響を及ぼすという感じの動詞です。また名詞形は、the influence of A on B 「A の B に対する影響」という形に注意。上記の英文の意味は「星が人々の生活に与える影響を信じている人がいる」です。

Q We drove through affluent suburbs with large houses and tree-lined streets.

A a＋子音＋子音の a＋子音は、前に言いました通り、元は方向性を示す ad ですが、しばしば無視しても構いません。よって affluent は、fluent と考えればいいわけです。これは「お金やモノがドッと流れ込んでいる」→「裕福な」という意味の形容詞です。また、この形容詞は「地域」に対しても使えます。
［例］affluent district with large houses and tree-lined streets 「大きな家と樹木が立ち並ぶ裕福な地域」
上記の文は「大きな家と木立が道路沿いに建ち並ぶ高級な郊外の住宅地を私たちは車で通った」との意味です。

Q When Nancy saw Jim, a slight flush rose in her face.

A 列車のトイレの表示に、Only toilet paper should be flushed. と書いてありました。これは「トイレットペーパー以外は流さないでください」という意味です。つまり flush は「水がドッと流れる」というイメージです。そこから「顔に血がドッと集まる」→「紅潮する」という意味でも用いられます。上記の英文の意味は「ナンシーはジムを見たとき、彼女の顔にかすかに赤みがさした」です。

10. お金で決着する
fine（罰金）

フィナーレ（finale）は、「これでおしまい」ということですね。finish「～を終わる」も final「決勝」も同じイメージの単語ですね。これらの中心にある語幹は -fin- です。この語幹の意味は「限界」です。

Q Confine your talk to five minutes.

A con- は、together「一緒に」から、「意味の強調」へと発展します。よって、confine とは、「（しっかりと）限界を作る」という感じの語です。この単語は、「（文字通り）何かをある空間に閉じ込める」という意味にも用いますが、しばしば confine A to B の形で、「A を B に閉じ込める」→「A を B に制限する」となります。上記の英文では、「あなたの話を5分に閉じ込めよ」→「お話は5分以内でお願いします」の意味です。

Q These problems are confined to big cities.

A 左下と同様に考えて下さい。「この問題は大都市に閉じ込められている」→「この問題は大都市に制限されている」→「この問題がみられるのは大都市だけだ」となります。

Q It is difficult to define this Japanese word in English.

A de- は、down で「下へ」です。ということは define で「下に限界をつくる」が直訳です。余談ですが、幼いころ校庭に線を引いて「ここはおれの陣地だ!」なんて遊びをやったことはありませんか? 僕が小学生のころには「陣(地)取りゲーム」と呼ばれ、盛んに行われていました。define は、そのように「校庭に線を引いて陣地をはっきりさせる」という感じの語です。ですから「〜をはっきりとさせる」→「〜を定義する」と発展します。名詞形の definition も重要です。「定義」が定訳ですが、語源を知っていれば「(映像・テレビ・写真などの)鮮明さ」という訳にも納得できると思います。上記の英文の意味は「この日本語を英語で定義するのは難しい」となります。「そこを何とか!」などは本当に英語で定義するのは難しいですね。論理の世界である英語圏の人には理解できないかもしれません。

Q I want to set a definite date to sign the contract.

A definite は define の形容詞形ですから、「くっきりと線引きされた」→「明確な」です。なお the definite article といえば「はっきりさせる冠詞」→「定冠詞」で、indefinite articles といえば「はっきりとさせない冠詞」→「不定冠詞」という意味です。上記の英文の意味は「その契約に署名するための明確な日取りを決めたいと思います」です。

Q "Did you enjoy yourself?"
"Definitely."

A definitely は、口語でよく用いられます。「明確に」が直訳ですが、「その通り」ぐらいの感じで使われることが多いですね。上記の英文の意味は「楽しかったですか?」「それはもう」となります。

Q Ballast is not as fine as sand.

A -fin- は「限界」ですから、最上級のような意味をもつこともあります。a fine day は「上限一杯の日」→「素晴らしい日」。さらにこれが発展して「これ以上、砕けないぐらい細かい」となります。上記の英文の意味は「砂利は砂ほど粒が細かくない」です。

Q I was fined $200 for speeding.

A -fin- は「限界」から、「お金による決着」にまで意味が発展します。支払いはふつう最後に行うからでしょうね。そこから fine は「罰金」の意味を持つに至りました。英文の意味は「スピード違反で200ドルの罰金を課せられた」です。

Q This research on human cloning is federally funded.

A finance も、fine と同様に「お金による決着」を示唆する語で、「〜にお金を支払う」という意味です。上記の英文の意味は「このヒト・クローンの研究には連邦政府から資金が提供されている」となります。

11. 後にとって置く
reserve（予約する）

　日本語では「モーニングサービス」といえば朝の定食のことですが、morning service は「朝の礼拝」のことを意味します。今回はこの service に見られる -serve- 「奉仕する」について取り上げます。

Q A lot of people were opposed to the privatization of postal services.

A service は、-serve- の意味「奉仕すること」から発展し、「（公益業務を行う）行政機関・行政事業」の意味で用いられます。上記の意味は「郵政民営化に反対している人が多かった」となります。

Q My father has been working as a civil ser-vant for the last 30 years.

A 一般に、-t で終わる単語は「人」を表すものが多くあります。たとえば participant「参加者（動詞は partici-pate）」、chemist「科学者／薬剤師（英）」などです。ですから servant は「奉仕する人」から「召使」となりました。さらに civil は「ある国に住む人々にかかわる」の意味で、civil war なら「内戦」のことです。そこから a civil servant は「ある国に住む人々に対する召使」→「公務員」となったわけです。上記の文の意味は「父はこの30年にわたり公務員として働いてきた」となります。

Q I am a Muslim and observe Ramadan.

A ob- は against「〜に対して」の意味ですから「〜に対して奉仕する」が原義です。誰かに奉仕するためには、その誰かの動きを一挙手一投足まで見守る必要があります。そこから「〜をじっと見る」の意味へと発展します。observe his movements なら「彼の動きをじっと見守る」→「彼の動きを観察する」となります。一方、observe the ceasefire なら「停戦をじっと見守る」から「停戦を順守する・遂行する」という意味へと発展します。さらに observe Christmas ならば「クリスマスをじっと見守る」→「クリスマスを遂行する」→「クリスマスを祝う」となります。以上から上記の英文の意味は「私はイスラム教徒なので、ラマダン（イスラム教の断食月）の慣習は守っている」となります。

Q The cave's wonderfully preserved murals remain intact.

A preserve は、pre- が「以前に・あらかじめ」ですから「あらかじめ奉仕する」が原義となります。そこから「何かが破壊されたり、腐ったりしないように処置をする」→「保存する」にまで発展します。preserve nature なら「自然を現状のままに（一切手を加えずに）保存する」の意味です。上記の意味は「その洞窟の見事に保存された壁画がそのままの形で残っている」です。

Q Since it had not rained for several months, people were asked to conserve water.

A conserve は、con- が together の意味から強調の働きをしています。よって元は「しっかり奉仕する」の意味ですが、そこから preserve と同様に「保存する」の意味に発展するのですが、preserve が「現状保持」なのに対して、conserve は「（浪費せず）大切に使う」という感じの保護の仕方です。よって上記の英文は「数ヵ月の間、雨が降っていなかったので、節水が呼びかけられた」です。なお a conservationist といえば「環境保護論者」のことです。

Q I'd like to reserve a table for six tonight.

A reserve は、re-「後ろに」＋「奉仕する」から「（将来の使用またはある目的のために）とっておく」の意味に

なりました。今では主に「席・部屋を予約する」の意味で用いられます。non-reserved seats といえば「（列車などでの）自由席」です。上記の英文は「今夜、6名で、予約したいのですが」となります。

Q: Sharon is a shy, reserved girl, but her sister is outgoing.

A reserved は、「とっておかれた」から「（人が）控えめな」に発展しました。よって上記の英文の意味は「シャロンは内気で控えめですが、妹は外向的です」です。

Q: After your hard work, you deserve a decent holiday.

A deserve は、de- が down から「強意」の意味で用いられ、deserve は「大いに奉仕する」が原義です。そこから「～に見合うぐらいに大いに奉仕する」から「～に値する」に変化した語。語源と現在の意味とに隔たりがあるから注意が必要です。上記の意味は「きみはがんばって働いたのだから、人並みの休暇をとってもいいじゃないか」です。

12. 外に置く
expose（さらす）

　万国博覧会はいつも人で一杯です。2005年に開かれた愛知万博は、9月のピーク時には、朝6時ごろでも、ゲートには数万人が並んでいました。さて、この万博はEXPOと表記されますが、何の短縮形がご存じですか？ 実はこのEXPOはinternational exposition の exposition の最初の4文字です。今回は、この pose「置く」（名詞形はposition）にかかわる単語を見ていくことにしましょう。

> **Q** The government proposed a drastic tax reform.
>
> **A** pro-「前方」＋ -pose「置く」ですから、両手を差し伸べて「これどうですか？」という感じをつかんでください。上記の意味は「政府は抜本的な税制改革を提案した」となります。

Q Many countries imposed economic sanctions on South Africa during apartheid.

A im-(本来は in- だが、b、p、m の前では im- に変化)「中」+ -pose「置く」ですから、「何かをグーッと食い込むように押しつける」という感じをつかんでください。そこから「(規則や税金など)を押しつける」、さらに「(自分の信念や方針など)を押しつける」という意味になります。しばしば impose A on B「A を B に押しつける」という形で用いられます。例えば impose economic sanctions on North Korea といえば「北朝鮮に経済制裁を科す」という意味です。以上より上記の意味は「南アフリカがアパルトヘイトの制度を実施している間、多くの国は南アフリカに経済制裁を科した」となります。

Q People from abroad regard Kyoto Tower as imposing.

A impose に oneself を補うと impose oneself「自らを(何かに)押しつける」となりますが、この oneself が省略され、さらに -ing の形になり、形容詞化したものが imposing です。ですから imposing は、例えば高い建物が上から圧倒するような感じです。そこから、「目立っていて非常に強い印象を与える」という意味になります。ただ、必ずしもマイナスイメージになるわけではありませんから注意して下さい。上記の意味は「日本に来た外国人は、京都タワーが他を圧倒するように感じる」です。

Q Babies should not be exposed to strong sunlight.

A expose は、ex-「外へ」+ -pose「置く」ですから、「何かをさらす」というイメージを持ってください。例えば、本を雨風にさらすとシワシワになってしまいますね。あんな感じです。この単語は expose A to B で「AをBにさらす」という形で用いられることが多いことも覚えておいて下さい。A baby is exposed to its mother tongue.「赤ん坊は母国語にさらされる」は、赤ん坊が無意識のうちに母国語をシャワーのように聞いている感じですね。上記の英文の意味は「赤ん坊を強い日差しにさらしてはいけない」です。

Q I saw the results of the exhibition game online.

A exhibition は、exhibit の名詞形ですが、hibit は元々「持つ」の意味です。habit「(個人の) 癖」も元はといえば「人が持つもの」という意味でした。そこで exhibit は「外に持って置く」→「置いているものを外に出す」というイメージです。そこから「〜を展示する」という意味に発展します。上記の意味は「インターネットでオープン戦の勝敗を見た」です。

Q Water is composed of hydrogen and oxygen.

A com- (= together)「一緒に」+ -pose「置く」ですから、「何かを集めて置く」→「〜を構成する」→「(音楽・詩など)を創作する」と発展します。be composed of の形で用いられた場合は「〜から構成される」という意味となります。上記の英文は「水は水素と酸素から成っている」という意味です。

Q You may have my PC at your disposal for the whole week.

A dispose は、dis-「分ける」+ -pose「置く」ですから、「〜を分けて置く」→「〜をバラバラにする」→「〜を処分する」と発展します。その名詞形が disposal ですから、A is at one's disposal は「Aを自分が処分できる」→「Aを好きなように使う」となります。「まな板の上のコイ」という感じですね。上記の英文の意味は「僕のパソコンをまる1週間、好きに使っていいよ」となります。

13. 切り裂き捨てる
dismiss（退ける）

　昔、『スパイ大作戦』というTVドラマがありました。主題曲と共に爆弾の導火線に火をつける映像が流され、「おはようフェルプス君。…今回の君の使命だが」というテープレコーダーの再生シーンが始まると、テレビの前にくぎ付けでした。トム・クルーズ主演の映画にもなりましたから、ご存じの方は多いと思います。今回はこのドラマの原題 Mission Impossible「不可能な使命」のmission に出てくる -mit- / mission「送る」を扱います。mission とは本来、「本国から海外に送られた宣教師たちの持つ使命」の意味でしたが、現在では「使命」となりました。mission school とは「宣教師たちによって開かれた学校」の意味です。なお、随分と違うものですが、a missile「ミサイル」も「送られるもの」が原義です。

Q Industrialized nations will try to reduce emissions of carbon dioxide and other greenhouse gases by the end of the decade.

A e- は ex- と同じで、「外」。よって emit は「～を外に送る」が原義です。そこから「(液体、光、熱など) を放射する・発する」の意味に発展しました。名詞形は emission ですが、語尾の -t が ssion に変わることに注意して下さい。emissions control といえば「排ガス規制」のことです。上記の英文は「工業国は、10年以内に、2酸化炭素と温室効果を引き起こすガスの排出量を減らすよう努力するだろう」です。

Q Traditionally, good Japanese workers committed themselves to their companies.

A com- (= together)「一緒に」は強調の役割です。ですから commit は「送る」と覚えておけば十分です。commit troops to the front「軍隊を前線に送る」。commit A to memory「Aを記憶に送る」→「Aを記憶にとどめる」となります。commit とは英和辞典を見ると、色々な意味が載っていますが、まずは「送る」と覚えれば何とか意味を推測することは可能です。上記の英文は「伝統的に、日本人の良き労働者は全てを会社中心に生活していた」の意味です。

Q People who commit crimes should be punished.

A commit oneself to a crime「犯罪に自らを送り込む」→「犯罪を犯す」となりますが、ここから oneself to が省略され commit a crime となりました。commit 自体には「犯す」の意味はないことに注意して下さい。この commit は、a crime 以外にも、a sin「罪」、suicide「自殺」、an error「間違い」などを目的語にとることができます。上記の文は「罪を犯した人は処罰されるべきだ」という意味です。

Q Tom admitted that he was mistaken.

A ad- は既習の「方向を示す接頭辞」です。よって「ある方向へと送る」の意味になります。普通、場所を示す副詞を伴って admit a person to a place / a room / society「入場、入学、入会、入院などを許可する」となります。さらに、意味が発展して「嫌なことを自分の中に入れる」→「（嫌なこと）をしぶしぶ認める」となります。本文では「トムは自分が間違っていることを認めた」という意味です。

Q Satellites transmit news all around the world.

A trans- は「～を越えて」から「遠くに」のイメージを持つ語です。よって「遠くに送る」から「（電波などを）遠くに伝える」の意味を持ちます。上記の英文は「衛星はニュースを世界中に伝える」の意味です。

Q Cane's suggestion was dismissed as nonsense.

A dis- は「分ける」ですから、「バラバラにして送る」から「切り裂いて捨てる」という感じになります。そこから「退ける」という訳語が出てきます。上記の英文は「ケーンの提案は意味がないとして退けられた」という意味です。

Q If you want to take photographs, you must ask permission.

A permit の per- は (=through)「通して」ですから、「〜に通って行くことを許す」。そこから「(公的機関などが)許可する」の意味となりました。allow と違って、個人的な許可では使えません。上記の英文は「写真を撮影したければ許可を取らなければならない」→「許可なく撮影はできません」という意味です。

14. 手で書かれた manuscript（原稿）

　sc- で始まる語は、「削る・ひっかく・薄い」というイメージの語が数多く見られます。たとえば scab「かさぶた」、a scale「魚のうろこ」、a scoop「ひしゃく」、scrape「こする」、skyscraper「（「空をひっかく」から）超高層ビル」、scratch「ひっかく」、scream「悲鳴を上げる」、scrub「ごしごしこする」。今回扱う -scribe-「書く」も sc- で始まりますが、元はと言えば「粘土板をひっかくように書く」だったのかもしれません。

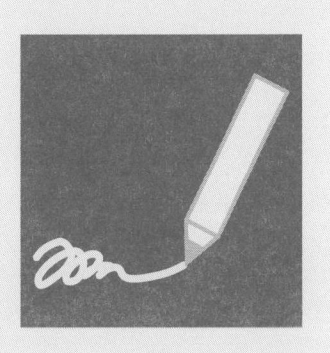

Q Subscribe to our paper and save 50%!

A sub- は「下」です。The Beatles の Yellow Submarine「黄色い潜水艦」はご存じでしょうか？ submarine は「海（marine）の下」ですね。a subway「（＝道の下）地下鉄」は有名ですね。そこで subscribe は、「下に書く」です。これは契約書の下に署名するイメージで、そこから subscribe to の形で「（新聞・雑誌など）を定期購読する」「（新刊本など）を予約購入する」という意味で用いられます。さらに、意味が発展して subscribe to ＋（考え）で「（考え）に同意する」となりますので注意して下さい。上記の英文の意味は「当社の新聞を購読契約された方は50％割引になります」となります。

Q This script has to be changed radically.

A script は、文字通り「書かれたもの」ですから「（放送・演劇・演説などの）台本・脚本」の意味です。a scriptwriter といえば「脚本家」のことです。この単語が発展した scripture は「聖典」の意味で、(the) Scriptures と言えば「聖書」のことです。本文の意味は「この台本は大幅に書き直さないといけない」です。

| Q | The doctor prescribed a new medicine for my stomachache. |

A pre- は（= before）「何かより時間的に前」ですから、prescribe とは「何かの前に書く」です。実は、この「何か」とは「薬を出す」ことなのです。ですから「薬を出す前に書く」→「処方する」となります。名詞形は a prescription for「〜の処方せん」の形で用います。上記の英文の意味は「医師は私の胃痛のために新薬を処方してくれました」となります。

| Q | I was presented with a silver watch inscribed with my name. |

A in- は「中」ですから、文字通り「中に書く」です。そこから「（主に石や硬貨の表面に、名前や文字など）を刻む・書く」の意味に発展しました。上記の英文は「自分の名前が彫られた銀時計を頂いた」という意味です。

| Q | Last month I read his novel in manuscript. |

A manu- は「手」を意味します。たとえば a manual pump で「手動ポンプ」です。さらに発展して「肉体の」を表すこともあります。たとえば manual labor は「肉体労働」です。manuscript は「手で書かれたもの」→「原稿」の意味です。上記の英文の意味は「先月、彼の小説を未発表の段階で読んだ（←彼の小説を原稿の形で読んだ）」となります。

> **Q** Describe what I have in my right hand.

A de- は（= down）ですから、describe は write down の感じです。ただ今では「説明する」ぐらいに覚えておけばいいと思います。従来の訳語は「描写する」ですが、それほど堅苦しい意味ではありません。上記の英文は子どもに対して「右手にどんなものを持っているか教えてよ」という感じの英文です。名詞形の description も一緒に覚えておいて下さい。

> **Q** The rise in childhood asthma is ascribed to the increase in air pollution.

A a- は、方向性を示す ad- の変形ですが、無視しても構いません。ascribe A to B で「B に対して A を描く」が直訳ですが、そこから原因・結果関係を示す表現として発達し、「A は B が原因と考える」となりました。あまり頻繁に登場することのない単語ですが、覚えておいてください。上記の英文の意味は「小児ぜんそくの増加は大気汚染の悪化が原因とされる」となります。

> **Q** I scribbled his phone number in my address book.

A scribble で「（下手な字で）なぐり書きをする・走り書きをする」の意味です。上記の英文の意味は「住所録に彼の電話番号を走り書きした」となります。

15. 外に価値を出す
evaluate（評価する）

　昔々、生徒の1人に「valid がなかなか覚えられない」と言われたことがあります。その時には、どう答えていいか分からず、無力感に襲われたことを今でも覚えています。今なら「-val- は value と同じ『価値』だから、その意味を手掛かりにすればいいよ」と言えるのですが。今回はこの -val-（元々は「力のある」→「価値がある」）を含んだ語を解説したいと思います。みなさんも、覚えられない単語に出会ったら、無理に覚えようとしてはいけません。まず語源を手掛かりにしてイメージをとらえ、良い例文でイメージを膨らませてください。

Q People have traditionally acquired social values from their parents.

A value は文字通り「価値」ですが、「価値観」という訳語も覚えておいて下さい。特に values と複数形の場合はその傾向が強いと思います。上記の英文は「人は伝統的に社会的な価値観を親から教えてもらって身につけてきた」ということです。

Q There is no valid reason for war, because war drags in others who may have nothing to do with it.

A a valid reason を直訳すると「価値のある理由」です。では「価値のある理由」とは何でしょうか？相手に「なるほど」と納得させることのできる理由ですね。ですから「根拠のある理由・正当な理由・妥当な理由・もっともな理由」などと訳せるわけです。value の形容詞の valuable は、主に「金銭的な価値がある」という意味ですから、valid とは使う場面が異なると分かります。ですから「valid は『価値がある』という意味だけど、議論、理由、主張などに対して使われる形容詞だ」と覚えておけばよいのです。上記の文章は「戦争を支持する妥当な理由などない。なぜなら戦争によって戦争と無関係かもしれない人々まで引きずり込むことになるからである」という意味です。

Q This passport is valid for 10 years from the date of issue.

A 切符やパスポートが valid というのはどういうことでしょうか? もし「valuable な切符」ならば、マニアの間で取引されているプレミアのついた切符という意味でしょう。valid の場合には、「使うことが出来る」→「有効期限内の」の意味です。ですから上記の英文は「このパスポートは発行日から10年間は有効です」の意味になります。

Q Our work will be evaluated regularly by members of the management team.

A e- は ex- と同じ「外」ですから、「価値を外に出す」が直訳です。そこから「あるものの価値を正しく評価する」という意味になりました。つまり「良いモノは良い、悪いモノは悪いと正しい評価を下す」という意味です。日本語の「評価する」は、「良いと認める」という意味も持ちますが、evaluate にはそのような意味はありませんので注意して下さい。上記の英文の意味は「私たちの仕事は経営陣によって定期的に査定がなされます」となります。

Q The price of this watch is equivalent to my monthly salary.

A equ- は「同じ」を意味します。たとえば、the equator は、「太陽が赤道上にあるときには昼夜の長さが同じになる」から「赤道」。また、equinox は、nox はノク

ターン（＝夜想曲）の nox で「夜」という意味から「昼夜が同じ点」→「春分・秋分」を意味します。ですから equivalent は「価値が同じ・同等の」を意味し、上記の英文は「この時計の値段は私の1ヵ月分の給料に相当する」という意味になります。

Q My feelings about getting married are ambivalent.

A amb- は「ぶらぶら」という感じの接頭辞です。ambulance は「街の中を走り回るもの」→「救急車」。ambition「野心」は、昔、選挙に出ようと思う人が街中を当選したいという野心を持ってあちこち遊説して回ったことが語源となっています。また ambiguous というのは「意味がぶらぶらする」から「意味がどちらにもとれてあいまいな」という意味になりました。以上から、ambivalent は「価値観がぶらぶらする」→「あることに対する評価が揺れ動く」ことを意味する形容詞です。よって、上記の意味は「結婚に対する気持ちが揺れ動いている」ということです。結婚前は、「本当に結婚するの？」と自問自答することがあるといいますが、そんな揺れ動く気持ちを表しています。

16. 食欲をそそる
appetizer（前菜）

　「ゴルフのコンペ」という日本語を聞いたことがありますか？　これは「ゴルフの競技会」のことです。今回はこのコンペの元になった語 competition「競争」の中に見られる -pet- を扱います。pet は「請い願う」という意味です。『蜘蛛の糸』の話を聞いたことがあると思います。お釈迦様がカンダッタを救うために、蜘蛛の糸を地獄に垂らされた時、カンダッタの後について悪人たちが我も我もと糸に飛びつきましたね。competition と聞いてあの悪人たちの必死に競争する姿がイメージできればＯＫでしょう。なお、いわゆる a pet「ペット」も、この -pet- に関係しそうなのですが、残念ながら語源不詳です。

Q I was asked to sign a petition against plans to build on the local playing field, but I refused.

A petition は語源から見ると pet- を用いた基本的な単語ですが、実際には難語の仲間に入ります。イギリス史に登場する「権利の請願」は英語にすると the Petition of Right となります。なお petition がよく使われるのは「嘆願（書）、請願（書）」の意味で、上記の英文は「地元の遊び場の建設に反対の請願書に署名するように求められたが断った」ということです。

Q Children easily learn new words through imitation and repetition.

A re- は元々は、back ですが、「行って帰ってくる」から「反復」の意味を持つようになりました。ですから repetition は、元々は「何度も請い願うこと」だったのですが、今では「反復」の意味で用います。動詞形は repeat です。文章の意味は「子供は模倣と反復によって新しい単語を学んで行く」です。

Q Competition among these firms has become increasingly intense.

A con-（b、p、mの前ではcom-）は、together「一緒に」でした。ですからcompeteは、「みんなで請い願う」が原義です。多くの男たちがかぐや姫に求愛するような感じがつかめるでしょうか？そこから「競争する」という意味に発展します。そしてその名詞形がcompetitionです。上記の英文の意味は「これらの会社間の競争はますます激化してきた」です。

Q Jack is a highly competent doctor, and many students respect him.

A competentという形容詞は、元は「competeするだけの力がある」という意味です。今では「（一般に）有能な」の意味で用います。ですからa highly competent doctorは「有能な医者」という意味です。ブラックジャックのような医者のことですね。なお、似た単語にtalentedやgiftedがありますが、これらは「（神から）才能を授けられた」→「天賦の才のある」の意味です。なおcompetentはアクセントがCOMにあることに注意して下さい。これは名詞形のcompetenceにも当てはまります。上記の文章は「ジャックはかなり有能な医者で、彼を尊敬する学生は多い」という意味です。

Q My 14-year-old son has a surprising appetite.

A a ＋同じ子音の場合は、最初の a ＋子音が、本来方向性を示す ad- でしたね。さらにこれは意味をもたない場合が多かったことを覚えていますか？ appetite も同じです。この単語は文字通り「請い願うこと」です。ただし petition と違い「何かの食べ物を請い願うこと」、つまり「食欲」です。上記の英文の意味は「うちの14歳の息子は驚くほど食欲がある」ということです。中学生や高校生の食欲は半端ではありませんね。あれほど食べても太らないのは本当にうらやましい限りです。

Q What would you like for an appetizer?

A -ize は、動詞を作る接尾語です。Americanize なら「アメリカ化する」です。今の英語では、この -ize を用いてどんどん新語が造られていますが、眉をひそめる英米人も多いようです。この appetizer は appetite + ize + r ですから「食欲をそそらせるもの」の意味で、日本語では「前菜」にあたります。「前菜」は、本来は「菜」ですから野菜だけだったのでしょうね。appetizer にはそのような限定はありません。なおイギリス英語では「前菜」を a starter と言うことがあります。上記の英文の意味は「前菜は何にいたしましょうか?」となります。

17. 世代を越える
tradition（伝統）

　インド古語のサンスクリット語（梵語）では、与えること、お布施をすることを dana（ダーナ）といいます。この音を漢字で表したものが「檀那」、やがて旦那と書かれるようになりました。檀家（だんか）という言葉も、ここからきています。また、この言葉は英語にも取り入れられています。たとえば、donor（ドナー）と言えば、角膜などの提供者のことです。インドから日本、ヨーロッパに同じ言葉が伝わったなんていうのは壮大なドラマを感じますね。今回は、この do- / di- 「与える」を扱いたいと思います。

Q The professional baseball player donated $200,000 to charity.

A donor の動詞の形です。「〜を寄付する」という意味です。名詞形は donation「寄付」です。上記の英文の意味は「そのプロ野球選手は慈善事業に 20 万ドルを寄付した」となります。

Q I beg your pardon?

A par- は、元は per- (= through)「隅から隅まで」→「完全な」という意味です。(例) perfect「隅から隅まで作る (= fec)」→「完璧な」。ですから pardon は「完全に与えること」が原義です。そこから「許してやること・容赦」の意味にまで発展しました。上記の英文は「あなたの容赦を願う」から「すみません。もう一度お願いします」の意味です。

Q Nancy is endowed with a sense of humor.

A endow の en- は、enjoy「楽しむ」や enable「可能にする」に見られる動詞をつくる接頭辞です。この単語は endow 人 with で「人に〜を授ける」という意味で用います。神様が人に才能などを授けるというイメージで覚えておいて下さい。また、-ow の発音が /au / であることにも注意が必要です。上記の英文の意味は「ナンシーはユーモアのセンスを持っている (授けられている)」です。

Q The actress told us amusing anecdotes about her life in Japan.

A an- は否定です。ec- は ex- と同じで「外」です。(類例) ecstasy: ec-「外」＋ -sta-「立つ」から「自分の外に出てしまうこと」→「恍惚」。以上から anecdote は「外に与えられる事がない」となり、そこから「公表されない話」→「秘話・逸話」と発展しました。上記の英文の意味は「その女優は日本での生活に関する面白い逸話を私たちに教えてくれた」となります。

Q Start with a low dose and increase it.

A dose は「与えられたもの」が原義ですが、現在では主に「薬の服用量」の意味で用いられます。ですから、上記の英文の意味は「最初は(この薬は)少量だけ服用し、量を増やしていきなさい」ということです。

Q This herb is believed to be an antidote for snake bites.

A anti- (=against) は「対して」の意味です。(類例) antibiotic: anti-「対抗して」＋ -bio-「生物」から「抗生物質」。-dote は dose と同じく「投薬すること」です。そこから antidote は「何かに対抗して与えられる薬」→「解毒剤」となりました。上記の英語は「この薬草はヘビに噛まれた時の解毒剤だと信じられている」という意味です。

Q Add a little oil to the water.

A add は、a ＋同じ子音の重なりですから、最初の ad- は無視できますね。すると何と、残ったのは d のみ。これも -do-「与える」の変形です。今では「〜を加える」という意味で用いられています。上記の英文は「水に少量の油を足しなさい」という意味です。

Q When in college, Sharon was fascinated by the traditions of Southeast Asia.

A tra- は「超えて」という意味の接頭辞です。そしてこの語では -do- が -di- に変形しています。さらに -tion は名詞を作りますから、tradition というのは「世代を超えて与えるもの」→「伝統」となりました。上記の英語は「シャロンは大学の時に、東南アジアの伝統に興味を持った」という意味です。

Q You should edit your long speech down to 10 minutes.

A edit は、e- が ex- と同じで「外」。そこから「外に送る」となり、さらに発展し「世の中に送るための準備をする」→「編集する」にまで至りました。なお、an editor は「編集者」のことです。上記の英文の意味は「君の長いスピーチを10分に編集して下さい」です。

18. 捕まった人は
prisoner（服役囚）

　hand「手」という単語はご存知ですね。この単語の遠い祖先は ghend でした。この単語から g は消失し、さらに母音変換を経て hand が出来上がりました。更に pre- と結びついて prehend となりました。pre- は、ふつう「時間的に前」と覚えておけば十分ですが、本来は（= before）の意味を持ちます。ですから prehend という単語は、「何かの前に手を差し出す」が原義で、そこから「つかむ」に発展しました。更に、この prehend の肝心な部分の hand が消失し、pre-（あるいは pri-）だけでも「つかむ」という意味に発展したものがあります。

Q This physics problem is beyond my com-prehension.

A con-（b、p、m の前では com-）は（= together）で、-prehend- が「つかむ」ですから、「〜をすべてつかむ」が原義となります。ここから「〜を（包括的に）理解する」の意味で用いられるようになりました。この単語は主に否定文で登場しますが、なぜだと思われますか？ 何事

においてもそうですが、「包括的に理解する」というのは困難なためです。また、この名詞形は comprehension で、beyond my comprehension は「私の（包括的な）理解を越えている」→「とても理解出来ない」となります。上記の文章の意味は「この物理の問題は僕には到底理解できない」となります。

Q I would like to get a comprehensive map of this area.

A -sive は形容詞を作る語尾です。この単語は comprehend の、com- に重点がある形容詞で、「包括的な」という意味です。ですから、上記は「この地域の包括的な地図」→「この地域全体を網羅する地図」の意味です。なお comprehend にはもう1つ重要な形容詞があります。それは comprehensible です。これは語尾の -ble「できる」から分かる通り、「理解できる」という意味です。なお余談ですが、派生語は何でも覚えればよいというのではなく、使用頻度を考慮したうえで優先順位をつければよいと思います。そして、あまり使わないものは当面の間、無視しておけばいいわけです。最初から欲張って何でもたくさん暗記すると混乱することがあり、逆効果になりかねません。よく使われるかどうかは、インターネットのサーチエンジン Google などで検索するといいでしょう。上記の文章の意味は「この地域全体の地図が欲しいのですが」となります。

Q When trapeze artists began to perform, the lack of a safety net aroused the spectators' apprehensions.

A apprehend は、どういう意味でしょうか？ まず、a＋同じ子音が２つになっていますが、最初の ap- は、方向性を示す ad- が変形したものです。これは意味を無視しても構いません。すると「つかむ」という意味だと分かります。そこから「逮捕する」という意味に発展するのですが、現在では「逮捕する」は arrest が普通です。ただし、名詞形の apprehension は、「何か不安な気持ちにつかまれること」から、「(将来に対する) 不安」という意味を持つようになりました。よって、上記の英文の意味は「空中ブランコの演技が始まった時、安全ネットがなかったので観客は不安になった」です。

Q My son won first prize in the competition.

A prize は、-prehend-「つかむ」から hen が消失し、d が z に変化した語です。そして「つかむ」→「つかむべき対象」→「賞」と発展しました。かの有名な「ノーベル賞」は a Nobel Prize と言います。上記の文章の意味は「息子がそのコンクールで１等賞をとった」です。

Q Many people petitioned the government for the release of the political prisoners.

A a prisoner「囚人」は、-prehend-「つかむ」＋ -or / -er

「人」で「捕まれた人」が原義です。ここから prize と同様の変化を経て現在に至っています。上記の英語は「政治犯」という意味です。上記の文章は「多くの人がその政治犯達の釈放を求めて嘆願した」との意味です。

Q
Elderly people are easy prey for fraudsters.

A
prey も prisoner と同様の変化を経てできた単語です。よって「捕らえられたもの」が基本的意味で、そこから「他の生き物に食べられてしまうもの」→「餌食(えじき)」となりました。上記の英文は「お年寄りは詐欺師の格好の餌食だ」という意味です。なお昔、『プレデター』(1987・米)という映画がありましたが、predator は「捕らえるもの」から「捕食動物・略奪者」という意味になりました。

19. 声に出し呼ぶ
vocabulary（語彙）

　昔、CDもMDもインターネットもなかった時代、「生の英語」を聞くためにはラジオに頼るしかありませんでした。そしてその当時の代表的なものがFEN（Far East Network）「極東放送」とVOA（Voice of America：アメリカ合衆国の国営短波ラジオ放送）でした。FENはアジアに駐留するアメリカ人向けの放送で、VOAは英語を母国語としない人のための放送でした。今回は、このVOAの中に見られるvoice「声」に関連する単語を見ていきたいと思います。この単語は音楽バンドのボーカル（vocalist）にも見られますね。

Q Speaking for a long time every day can injure your vocal cords.

A vocal「声の」cords「帯状のもの」ですから、「声帯」となります。上記の文章は「毎日長時間話すと声帯を痛めるかもしれない」という意味です。

Q Once you have command of a basic vocabulary, you should use an English-English dictionary.

A -y や -ry で終わる名詞は、いわゆる「集合名詞」が多いことを覚えておいて下さい。たとえば a photograph は「1枚の写真」ですが、photography は「写真（全般）」の意味となり、a jewel は「1つの宝石」ですが、jewelry は「宝石（全般）」の意味です。よって、vocabulary は、元は「声に出して呼ぶもの全般」でしたが、そこから「単語全般」、さらには「語彙（数）」という意味に変化しました。なお、「vocabulary が多い・少ない」は large や small で表すことにも注意して下さい。上記の英文は「基本的な語彙の運用能力が身に付いたならば英英辞典を使うべきだ」という意味です。

Q The politician is a passionate advocate of environmental protection.

ad- は既習ですね。元は方向性を示す接頭辞でした。よって、「何かに向かって声を出す人」が原義です。そこから「何かを提唱する人・主張する人」という意味になります。上記の英文の意味は「その政治家は環境保護を懸命に訴えている」です。

Q Ann's answer was equivocal.

A equ-「同じ」から、「何に対しても同じように答える」→「(返事や発言が、意図的に) はっきりとしない」ですから、上記の英文の意味は「アンの答えはあいまいだった」です。

Q Nursing is not just a job for Nancy; she believes that she has found her true vocation in life.

A vocation は「呼ばれること」が原義で、「神様がこれをやりなさいとご指名になる」＝「天職」という感じの語です。ですから、この単語は「お金もうけというより人助けとしての仕事」という感じをつかんでください。上記の英文は「看護婦はナンシーにとって、ただの仕事ではない。彼女は人生の天職を見つけたと思っている」の意味です。なお calling「天職」も、call = -voc- だと分かれば納得できると思います。使用頻度は低いですが、avocation「楽しみで行う活動」という語は、a = away ですから「本職から離れて行うこと」と覚えれば簡単ですね。

Q Darwin's theory of evolution provoked a storm of controversy.

A pro- は、progress「進歩」などに見られる「前方」の意味です。-voke- は -voc- の変化形です。ですから provoke は「前に出てくるように呼びかける」が原義です。そこから「～を挑発する・怒らせる」の意味となり、さ

らに意味が広がり「(ある種の反応や感情)を引き起こす」となりました。上記の英文の意味は「ダーウィンが進化論を発表した時、嵐のような議論が沸き起こった」です。

Q Tom's speech evoked strong responses from the audience.

A evoke は、e- (= ex)「外」＋「呼ぶ」ですから、「(人の心の中に感情や記憶など) を呼び起こす」となります。目的語には、１．admiration「賞賛」／ surprise「驚き」／ sympathy「共感」／ pity「哀れみ」などの感情を示す語、あるいは、２．過去の思い出、が置かれます。
［例］The letter evoked memories of his youth. 「その手紙は彼の若かりしころの記憶を呼び覚ました」。
上記の英文は「トムのスピーチは聴衆の強い反応を呼び覚ました」という意味です。

Q You'll need someone to vouch for you before you can join the club.

A この単語も -voc- の変化形です。「この人は大丈夫です！と声を出す」というイメージです。そこから「(経験や知識により何が正しい・良いと) 保証する」となります。上記の英文は「クラブに入会するためには保証人が必要となります」という意味です。

20. 何かに跳ね返る
result (結果)

　ムーンサルト（月面宙返り moon-sault ）という体操の技を聞いたことがあるでしょうか？ 今回はこのサルト -sault- を扱います。-sal- / -saul- は「跳ねる」を意味する語幹です。身近な例では salmon（鮭）があります。鮭は産卵で川に帰る時に飛び跳ねるようにして泳ぎますね。さらに salt（塩）。これは刺激が我々に飛びかかってくるイメージの語です。salad「サラダ：塩味で食べる野菜」、salary「給与：昔、塩はそれぐらい重要だった」なども覚えてしまいましょう。

| Q | James did a backward somersault on the mat. |

A　somer- は「上に」を意味する接頭辞です。sault は「跳ねる」ですから、「上に跳ねる」が原義で、そこから「宙返り」をするという意味になりました。ですから、上記の英文は「ジェームズはマットの上でバック転をした」という意味です。読者の皆さんはバック転は出来ますか？ 僕には無理です。

| Q | Betty seemed to feel insulted when I turned down her invitation. |

A　in- は「中」と考えて、「心の中に飛びかかってくる」とすると覚えやすいですね。日本語の「侮辱する」に当たります。なおこの単語は、名詞の場合はアクセントが i の上にあり、動詞の場合には u の上にきます（いわゆる「名前動後」というやつです）。昔見た語呂合わせの単語集に「犬！猿！と（イヌサルト）侮辱する」とありました。このような語呂合わせもたまには良いですね。上記の英文の意味は「ベティは、私が招待を断った時に侮辱されているように感じたようだ」です。

Q The civil war resulted in the loss of thousands of lives.

A re- (= back)「何かに対して跳ね返ってくる」→「結果」となります。動詞の場合には、A result in B. で「Aの結果Bになる（AがB跳ねてBの中に入る）」と、A result from B.「Bの結果Aとなる（BからAが跳ねて出てくる）」、の2つを覚えておいてください。上記の英文は「その内戦の結果、数千もの命が失われた」という意味です。

Q What is the result of this equation?

A result は、「結果」→「（計算などの）答え」となります。なお equation は「左右が等しい式」→「方程式」という意味です。上記の英文の意味は「この方程式の解は？」です。

Q You have a fever. You had better consult a doctor.

A con- (= together) は「一緒」ですから、「共に跳ねる」が原義です。「一緒に苦労するイメージ」がつかめればいいと思います。ここから「意見を求める・相談する」となります。なお、他動詞の consult は、原則として「自分より立場が上の専門家や権威のある人に意見を聞く」ことですが、自動詞の consult with は、「対等の関係にあるものに対して意見を求める」となります。ですから、「辞書」や「医者」を目的語にする場合には他動

詞の consult が使われます。日本でも一般的に使われる「コンサルタント」はこの単語の派生語 consultant です。上記の英文の意味は「熱があるよ。医者に診てもらった方がいいよ」です。

Q We exulted at our victory.

A ex- は「外」ですね。exit「(ex-「外」＋ it「行く」)出口」が有名です。exult は、元は ex- + -sult なのですが、発音上 sult の s が消失してしまいました。これらから分かるとおり「外に飛び跳ねるようにして行く」、そこから「(とくに成功などに対して)とても喜ぶ」という意味で用いられるようになりました。上記の英文の意味は「我々の勝利に対して私たちは大喜びした」となります。

Q The US Air Force launched an all-out assault against the enemy.

A ass- のような a ＋子音＋子音（同じ子音の連続）では、最初の子音は方向性を示す接頭辞 ad- でした。ですから an assault は「何かに向かって飛び跳ねる」→「襲いかかる」という意味になりました。なお、名詞と動詞は同形ですが、アクセントはいずれの場合も au の上にあります。上記の英文では「アメリカ空軍はその敵に対して全面攻撃を開始した」という意味です。

21. 互いに引き合う
contract（契約）

「列車」は train、「トレーニング」は training ですね。同じ単語なのですが、日本語では随分と違う気がします。一体、何の関係があるのでしょうか？ 実は、tra- は「引く」という意味です。「列車」は機関車によって引かれます、また「トレーニング」には先頭にコーチが立ってみんなを引っぱっていきます。そのようなイメージが大切です。

Q These flowers attract butterflies.

A att- は a ＋同じ子音の重なりですから、最初の at- は方向性を示す ad- です。そろそろ「耳たこ」でしょうが（笑）、繰り返します。ですから「〜の方へ引く」が原義です。「アトラクション（attraction）」とは、観衆を「引きつけるもの」です。休日に百貨店の屋上などで行われるアンパンマンショーなどは子供が大好きなアトラクションですね。上記の英文は「これらの花は、チョウを引きつける」という意味です。

Q The audience was enchanted by Nancy's attractive way of talking.

A -ive は形容詞を作る語尾ですから、「引きつけるような」→「魅力的な」という意味になります。ですから上記の英文の意味は「聴衆はナンシーの魅力的な話し方に魅了された」です。

Q Carney signed a contract with a professional soccer team in Italy.

A con- (= together) + tract「引く」ですから「互いに引き合うこと」が原義です。そこから「お互いに押したり引いたりの駆け引き」をイメージして下さい。そしてその駆け引きの結果が「契約」ですね。よって上記の英文の意味は「カーニーはイタリアのプロサッカーチームとの契約書に署名した」です。

Q We observed the expansion and contraction of the metal in science class.

A contractとまったく同じ語源ですが、この単語は「お互いに引っ張り合う」→「伸びたり縮んだりすること」→「収縮」となります。ですから上記の英文は「理科の時間に私たちはその金属の膨張と収縮を観察した」という意味です。

Q Don't distract me while I am driving!

A dis-は「分ける」でしたね。たとえばdistanceはdis-「離れて」＋ -stance「立つ」から、「距離」でした。ですからdistractは、「引き離すように引っぱる」という意味で、そこから「人の気持ちなどを引き離す」という意味になりました。何かに集中している時に、横で子どもが走り回る感じです。上記の英文は「運転している時に邪魔しないでくれ（←気をそらさせないでくれ）」という意味です。

Q If you subtract 22 from 55, you have 33 left.

A sub-は「下」でした。そこから「何かを下に引く」です。たとえば556から183を引き算するときに、縦に並べて計算しますね。その時に、「上から下へと引く」イメージがこの単語です。上記の英文の意味は「55から22引くと33残る」です。

Q The typhoon left a trail of destruction behind it.

A trail は「引っ張った跡」です。重い荷物を地面の上でずるずると引っ張れば「跡」がつきますね。まさにあの「跡」が、trail です。今では「台風や洪水のつめ跡」のような災害の跡の意味でも用います。なおこの単語に -er をつけたのが trailer「トレーラー」です。また、vapor trail で「飛行機雲」です。上記の英文の意味は「その台風は被害のつめ跡を残した」となります。

Q Police searched the area but found no trace of the escaped prisoners.

A trace も trail と同じ「跡」の意味ですが、随分と使う場面が違います。tracing paper「トレーシング・ペーパー」って聞いたことがありますか？ 半透明の薄い紙で、その下に置いた文字や絵が写せるようになっている紙です。これの直訳は「跡をたどるための紙」です。これから分かるように trace は、「非常に判別しにくい微かな跡」です。そこから「犯人などの足取り」などの意味でも用いられています。以上から上記の英文の意味は「警察はその地域を捜索したが、逃亡した囚人たちの痕跡すら見つかることはなかった」となります。

22. 土に足つけ
human（人間的な）

　語源に興味がない時はひたすら丸暗記で、形が似たものに巡り合っても何も感じないものです。ニュートンより前の時代の何億人もの人が、リンゴが落ちるのを見ても何も感じなかったというのは納得できますね。ただ、一度語源の魅力にはまってしまうと、何でも気になってしまいます。これも困ったことですが、単語を増強するにはいい傾向だと思います。昔、僕が語源にそれほど興味がなかったころ、humid が覚えられない生徒に「100回書きなさい」と言ったことがあります。今ではその生徒に悪いことをしたなと思います。今回は、-hum-（ラテン語の humus「土」）を扱いたいと思います。

Q Humans are the only animals to have developed speech.

A human の hum- は「土」の意味です。ですから a human とは「土に足をつけて２足歩行するもの」が語源で「人間」になりました。この単語は名詞だけでなく形容詞としても使います。a human being の human は形容詞で「人間の」の意味で、being は be の名詞ですから「あること・存在」の意味です。ですから、a human being は「人間的な存在」→「人間」となりました。なお、この being を用いた熟語に come into being「存在の中に来る」→「現れる」も併せて覚えておいて下さい。上記の文章は「人類は言葉を発達させた唯一の動物である」との意味です。

Q In the last century, humanity suffered more from war than ever before.

A humanity は、human の派生語で「人類（全般）」を意味します。a man of deep humanity「深い人間性のある男」というように、「人間性」という意味でも用いられることがありますが、原則的には「人類（全般）」という訳語で十分です。上記の英文の意味は「人類は前世紀（20世紀）、それまでにないほど戦争で苦しんだ」となります。

Q You should be humble enough to learn from your mistakes.

A humble は、-ble は「できる」ですから、この単語は「土になることができる」が語源となります。「土」→「低いところにあるもの」という連想から、「自分を低くできる」→「謙虚な」という意味に発展しました。類例として、a humble house は「質素な家」という意味です。上記の英文の意味は「謙虚に間違いから学んだほうがよい」です。

Q Kyoto is hot and humid in summer.

A humid も、「土」に関係があります。土の近くは湿り気がありますね。ですからこの単語は「湿気のある」という意味になったようです。上記の英文の意味は「京都の夏は蒸し暑い」です。京都の夏は、本当に humid で、汗がダラダラ出てきます。知り合いのイギリス人は「京都の夏は耐えられない」とぼやいていました。

Q I felt humiliated when the teacher laughed at my work.

A humiliate は「相手の顔に泥を塗る」という感じの単語で、「屈辱を与える・恥をかかせる」という訳語が一般的です。上記の英文の意味は「私は、先生に自分の作品を笑われたとき、屈辱を感じた」となります。

Q Mr.Cohen is a man of great humor and charm.

A humor は残念ながら、humus「土」とは少々語源が異なります。ヒポクラテス（医学の父と称される古代ギリシャの哲学者）は、人間の体内には4種類の体液（① 陽気さを司る「血液 (sanguine)」、② 怒りを司る「黄胆汁 (choleric)」、③ 憂うつを司る「黒胆汁 (melancholic)」、④ 冷静さを司る「粘液 (phlegmatic)」）が流れ、その割合で人間の気質が決定されると説きました。② は chlorophyll「クロロフィル・葉緑素」、chlorella「クロレラ」などと同語源、③ は cholesterol「コレステロール」や、cholera「コレラ（胆汁の病気と考えられていた）」などと同語源です。この4つの「液体」を表す単語が humor で、そこから「（人間の）気質・気分」を表すようになり、さらに「（特に愉快な人間の）気質」＝「ユーモア」に転じました。上記の英文は「コーヘンさんはユーモアと魅力たっぷりな人だ」という意味です。

23. 分け与える
distribute（配る）

「ローマの三頭政治」というのを聞いたことがありますか？ 実は古代ローマに語源がさかのぼる単語があります。まずは trial「裁判」。この単語は tri-「三」で始まっていますね。これは裁判が三頭政治で行われていたことを物語っています。さらに tribe「部族」。これも古代ローマの3部族が語源だと言われています。さらに tribute「貢ぎ物」、これは「三頭政治をつかさどる者への貢ぎ物」という意味がその語源です。よくＣＤのラベルなどに「トリビュート」というのを目にしますが、これは「誰かにささげるアルバム」という意味で用いられています。今回はこの -tribute-「与える」を扱います。

Q Last year, a new library was built, and the former mayor contributed $10,000 towards it.

A con- (= together) から強調の働きをします。ですから、contribute の本来の意味は give です。つまり contribute to 〜は、contribute + A + to 〜の、A の省略形だと分かれば良いわけです。あとは文脈から判断して訳は「作り」ます。たとえば、「原稿を出版社に与える」→「寄稿する・提出する」、「図書館に多くの本を与える」→「寄贈する」、「物理学の分野に自らを与える」→「貢献する」といった具合です。要するに、「contribute は、give よりも制限された文脈で用いるのだな」と暗記しておけばいいのです。上記の訳は「昨年新しい図書館が建てられ、前市長が１万ドルを寄付した」となります。

Q The increase in the amount of carbon dioxide in the atmosphere has contributed to global warming.

A 今度は、「温暖化に何かを与える」わけですから「原因となっている」ぐらいの訳が適しています。こういう例を見ると contribute ＝「貢献する」という覚え方は危険だと分かります。上記の訳は「大気中の二酸化炭素の増加が地球温暖化の原因となった」です。

Q Thousands of people paid tribute to Queen Elizabeth on her 80th birthday.

A tribute は普通、pay tribute to 〜の形で「〜に賛辞を贈る」という意味で用います。上記の英文は「エリザベス女王の80歳の誕生日に何千もの人々が賛辞を贈った」という意味です。この場合は、何か金品を贈ったわけではありません。

Q Clothes and blankets have been distributed among the refugees.

A dis-「分ける」ですから、distribute 〜 は「〜を分け与える」となります。分かりやすい単語ですね。上記の英文は「服と毛布が難民たちに支給された」という意味です。

Q The population distribution of Canada has not changed over the last century.

A distribution は distribute の名詞形ですから「分け与えること」という意味ですが、「分布」という訳語も覚えておいてください。「野生生物の分布」などの「分布」です。上記の英文の意味は「カナダの人口分布は過去100年間で変化していない」ということになります。

Q The discovery of penicillin is attributed to Scottish scientist and Nobel laureate Alexander Fleming in 1928.

A att- は既習で、at- は方向性を示す ad- の変形です。さらに、これは無視してもよい場合が多かったですね。この場合も無視して下さい。ですから、attribute は、tribute と同じ意味、つまり give だと分かります。問題はどのような場面で用いるのかということです。これは attribute ＋ 結果 ＋ to の形で「ある結果を〜に押しつける」→「ある結果は〜が原因だと思う」という原因・結果の関係を示す場合に使われます。また、「(ある作品)…は〜の作だと思う」という意味にも発展します。たとえば、上記の英文は「ペニシリンの発見はスコットランドの科学者で１９２８年のノーベル賞受賞者でもあるアレキサンダー・フレミングの功績によるものである」という意味です。なお、名詞形の attribute は、「あることを引き起こす原因となる性質」という意味から、「属性」という訳語が一般的ですので合わせて覚えておきましょう。

24. 上から見ている
supervisor（監督）

　ビデオ（video）という語は完全に日本語に溶け込んでいますね。ヴィジュアル（visual）系ロックグループというのも頻繁に耳にします。アドバイスする（advise）に至っては、「忠告する」という日本語よりよく使われるのではないでしょうか。これらに見られる -vis-、-vid-「見る」が今回のテーマです。

Q The doctor advised me to reduce my weight.

A ad- は方向性を示し、しばしば無視してもよい接頭辞でした。ですから advise は、「見る」が原義です。日本語でも面倒を見る人のことを「後見人」という言い方をしますが、この単語にも「見」が入っていますね。見ていれば一言いいたくなるのが人間ということでしょうか。なお名詞形は advice ですが、アクセントは動詞も名詞も語の後ろにありますので注意です。上記の英文の意味は「医者は私に減量するように忠告した」です。

Q Our supervisor is very strict with us.

A super- は「スーパーマン (a superman)」が有名ですが、「超える・上」という意味の接頭辞です。ですから supervisor は、「上から見ている人」→「(工場や工事現場などの) 監督」の意味になります (なお、映画監督は a film director と言います)。上記の英文の意味は「私たちの監督は (規則などに) 非常に厳しい」です。

Q This is my first visit to Kyoto.

A vis- は「見る」、-it は「行く」です。たとえば exit「出口」は、ex-「外」＋「行く」です。ですから visit は「見に行く」が本来の意味で、そこから「訪問（する）」という意味に発展しました。動詞の visit は、原則として目的語を必要とする動詞（＝他動詞）であることも重要です。上記の英文の意味は「京都に来たのはこれが初めてです」です。

Q The government provided food to the victims of the disaster.

A pro-「前へ」は progress（pro-「前へ」＋ gress「進む」）「進歩」が有名ですね。ですから、provide は「先のことを見る」が元の意味です。そこから「先のことを考えて、あるものを必要としている人に、必要となるものを与える」という意味で用いられるようになりました。例えば、「若者に学習の機会を与える」「難民に食料を供給する」といった文脈で使います。そして多くの場合、provide ＋人＋ with「人に〜を与える」の形で用います。上記の英文の意味は「政府は被災者に食料を供給した」です。

Q You should revise what you have written before submitting it.

A re- は「再び」ですから、文字通り「再び見る」→「校正する・見直す」となります。上記の英文は「書いたものを、提出する前に見直しなさい」の意味です。

Q There is no evidence that Tom is involved in the crime.

A e- は ex- と同じで「外」ですから、evidence は「外に見えるぐらいはっきりとしたもの」→「証拠」という意味になります。形容詞形の evident は「明白な」という意味です。なお上記の英文は「トムがその犯罪に関与しているという証拠はない」となります。

Q I had to improvise at the party.

A provise は provide と同じく、「先を見ること」。そこに、否定を示す接頭辞 in- / im- がついていますから「先のことを見ない」→「その場限り」となります。そこから意味が発展して「(話などを)即興で作る」となりました。上記の英文の意味は「パーティーで、即興で話をするはめになった」です。

Q We must devise a new way of recycling.

A de- は down「下」ですから、「何かを見て、そのアイデアを下に書き込む」というイメージだと思って下さい。そこから「新しい方法、新しい装置、新しいシステムなどを考案する」という意味になりました。なお名詞形は device です。上記の英文は「私たちはリサイクルの新しい方法を考案しなければならない」となります。

25. みんな来るから
convenient（都合がいい）

　event「イベント」という単語は、もはや日本語として定着しています。原義は e-（= ex）「外」+ -vent「来る」から「外に来る」です。日本語では「イベント」＝「催し物」ですが、event は an historical event「歴史的出来事」といった意味でも使われます。また、ルイス・キャロルの名作『不思議の国のアリス』の原題、Alice's Adventures in Wonderland にある adventures は、ad- が方向性ですから「冒険」と発展した単語です。今回はこの -ven-「来る」を扱います。

Q The government must take any necessary action to prevent bird flu.

A pre- は「時間的に前」を表しますから、「あらかじめやって来る」→「先回りする」が原義です。そこから「(病気など)〜を予防する」の意味になりました。ですから、上記の英文の意味は「政府は鳥インフルエンザを予防するためにいかなる必要な措置でも取るべきである」となります。flu は influenza の省略形です。また prevent は、S prevent from (V) -ing (from は省かれることもある)で、「S は〜が V するのを妨げる」という形でもよく使われますので覚えておいてください。

Q It isn't convenient to talk at the moment.

A con- (=together) ですから、「みんな来る」が原義です。たとえば、生徒たちが同じ質問をするなら、バラバラではなく一度にみんなで来てくれたほうが「都合がいい」ですよね。このようなイメージで convenient は「都合がいい」という意味に発展しました。a convenience store「コンビニ」も、元は「都合のいい店」という意味です。上記の英文は「今はちょっと都合が悪くて話せません」という意味です。会議の最中という感じですね。

Q President Barack Obama has vowed to observe the Geneva Conventions ban on torture.

A a convention も、語源的には convenient と同じです。つまり、「みんな来る」わけです。そこから「党大会」などの「(大規模な) 大会」の意味を持つようになり、さらにその「大会」で決められる「慣習・世間のしきたり」の意味に発展しました。さらに国際世界では「(申し合わせ的な意味合いの強い) 条約」という意味で用いられるようになりました。上記の英文の意味は「バラク・オバマ大統領は拷問を禁じたジュネーブ条約を遵守することを誓った」です。the Universal Copyright Convention「万国著作権条約」なども大切な条約です。

Q Conventional light bulbs are not economical.

A conventional は a convention の形容詞です。ただしこの場合は「大会」ではなく「慣習」の意味合いが強く、「型にはまった・平凡な・因習的な」というようなマイナスイメージの単語です。My mother is very conventional in her views. といえば、「母親が随分と伝統とか古いしきたりにこだわっている」という子供の嘆きを感じます。上記の英文は「従来の電球は経済的でない」という意味です。

Q Jerry is superb at inventing good excuses.

A invent の in- の語源を厳密に言えば「上」なのですが、簡単に「(頭の)中に来る」と覚えておいてください。そこから「〜を発明する」「〜(話や言い訳)をでっちあげる」という意味が出てきました。上記の英文の意味は「ジェリーは気の利いた言い訳を作る名人だ」となります。

Q I bought an ornament as a souvenir of Hong Kong.

A sou- は sub-「下」の変形で、「心の奥底に入ってくるもの」から「(旅行や催し物の)記念品」という意味になりました。a souvenir は「土産もの」とも訳せますが、日本語と違い、ふつう食べ物は含まれません。上記の英文は「香港の土産に装飾品を買った」という意味です。

Q Nobody predicted the advent of penicillin ; it was a fortunate stroke of luck.

A ad- は方向性を示す接頭辞で無視します。よって advent は「来ること」ですから、上記の英文の意味は「ペニシリンの到来は誰にも予測できなかった。それは単に幸運な偶然の発見であった」です。

26. きれいにする
cleanser（洗顔料）

　ダイヤモンドの価値を決める「３Ｃ」ってご存じですか？　僕は近所の宝石屋さんに教えてもらいました。1. carat「カラット（金の純度や宝石の重さを量る単位：1カラットは0.2ｇに相当、ギリシャ語の「イナゴマメ・軽量」が語源）」、2. color「色（純白の紙の上で石のcolorをスケールと比較してグレードを決めるのは熟練を要する作業）」、3. clarity「石の傷の具合や品質（最高品質はflawless「傷なし」と呼ばれます）」の３つです。今回は、このclarityの語源であるclear「はっきりした」に焦点を当ててみましょう。

Q Let me clarify the five key points.

A clarify の、-fy は「〜化する」という接尾辞です。類例として classify「分類する」、purify「純化する」、justify「正当化する」などが有名です。clarify は「clear にする」ことから「〜を（理解しやすいように）明確にする」という意味になりました。ですから、上記の英文の意味は「5つのポイントを整理しましょう」となります。

Q The shop is having a clearance sale.

A clearance は、「clear にすること」から「古いものや不必要なものを処分すること」という意味です。ですから、「新規開店クリアランスセール」なんていうのはありえないことなんです。なお、余談ですが、「バーゲン（bargain）」は、「特売をすること」ではなくて「特売品」のことです。日本語の「バーゲン（セール）」は the sale となり、「バーゲンで」は in the sale（あるいは on sale）が正しい英語です。なお上記の英文は「その店では在庫一掃セールをやっている」という意味になります。

Q After a cloudy start, the weather will clear during the afternoon.

A clear は、「はっきりする」から「晴れる」の意味でも用いられます。上記の英文の意味は「朝のうちは曇っていますが、午後には晴れるでしょう」となります。

Q Bob cleared his throat before making a speech.

A clear one's throat は「喉をきれいにする」から「せき払いをする」という意味になります。ですから、上記の英文は「ボブはスピーチの前にせき払いをした」の意味となります。なお、「せきをする」は cough で、「しゃっくりをする」は hiccough（または hiccup）です。

Q Wash your face with tepid water before using this cleanser.

A cleanse（発音注意！/klénz/）も、clear の親せきで「(顔や傷口) を清潔にする」という意味ですが、cleanser というと特に「洗顔料」を意味します。よって上記の英文は「この洗顔料を使用する前に顔をぬるま湯で洗うこと」という意味になります。

Q Smith declared that he was innocent.

A declare は、de-(= down)「下」+ -clare (= clear) ですから、そのイメージは「両手を下にバンッと叩きつけ大きな声ではっきり言う」です。declare war on だと「〜に宣戦布告する」という意味になります。目的語に that SV を置くことも可能です。ですから本文の意味は「スミスは、自分は無実だとはっきりと述べた」となります。

Q Do you have anything to declare?

A さらに、declare は「(税関や税務署で) 申告する」という意味にも発展します。例えば You must declare all your income on this form. といえば「この書類に所得のすべてを申告しなければならない」という意味になります。上記の英文は、税関検査の際に言われる決まり文句で「特別に申告するものはありますか」という意味です。

Q The Declaration of Independence is the nation's most cherished symbol of liberty.

A declaration は declare の名詞形です。上記の英文は、1776年7月4日に出された「アメリカ独立宣言は、アメリカが最も大切にしている自由の象徴である」という意味です。

27. 神聖なものにする
sanction（制裁）

　クリスマスは、「キリスト（Christ）」の降誕祭を祝う「ミサ（mass）」が語源です。また、クリスマスと言えばサンタクロース（Santa Claus）を思い出しますが、この単語は「聖ニコラウス」の中期オランダ語の Sint Nicolaes「聖ニコラウス」がなまったものとされています。今回は、この「聖」に対応する sa / sac「神聖な」について取り上げたいと思います。

Q St. Valentine's Day.

A かの有名な St. Valentine's Day「聖バレンタインデー」の「聖」を表す St. は Saint「聖人・聖者」の略形です。この St. は、死後キリスト教会によって列聖された（地上の生活が清浄だったため天上においてそれを認められ正式に認定された）聖人の名前に冠されます。つまり「神に認められた神聖な人」の意味です。この Saint の省略形の St. は St. Mark「聖マルコ」や、St. Peter「聖ペトロ」などが有名ですね。さらに様々な名前に応用されることもあります。たとえば、St. Bernard「セントバーナード犬」は、アルプスにあった Great St. Bernard にある修道院で飼っていた救命犬にちなんでつけられた名前です。

Q The Bible is sacred to all Christians.

A sacred は、古い英語の sacren「神聖にする」の過去分詞形です。今では sacren は使われていませんが、過去分詞形の sacred「神聖化された」→「神聖な」だけが残りました。発音は /séikrid/ ですので注意して下さい。日本語と同様に、「極めて重要な」という意味にまで発展します。Our boss believes that his desk is sacred. と言えば「異常なほど自分の机を大切にしている」という感じになります。上記の英文は「聖書はすべてのクリスチャンにとって神聖なものである」という意味です。

Q The U.S. has decided to take economic sanctions against the country.

A sanction も元は「神聖なものにする」という意味です。これが「厳粛に裁可する」から「罰則を制定する」にまで発展し、現在では「（国際法違反国に対する）制裁（措置）」の意味でも用いられるようになりました。この場合は、主に複数形で用いられます。上記の英文の意味は「米国はその国に対して経済制裁を行うことを決定した」です。

Q You should not sacrifice your health for your career.

A sacri-「神聖な」＋ -fice「する・作る」です。-fic-「作る」は fiction「小説」、artificial「（技術で作った）人工の」、superficial「（上のほうで作った）表面的な」などが有名です。よって sacrifice は「～を神聖なものにする」が原義で、そこから「～を生けにえにささげる」という意味になりました。現在では、日本語の「～を犠牲にする」とほぼ同義で用いられています。なお、野球用語の「犠牲フライ」は sacrifice fly です。上記の英文の意味は「仕事のために健康を犠牲にすべきではない」となります。

Q The park is the largest wildlife sanctuary in the U.S.

A sanctu-「神聖な」＋ -ary「場所」です。-ary は -arium の変形です。例えば auditorium「（聴く場所）公会堂」、

aquarium「(水＋場所)水族館」などが有名です。現在の sanctuary は「虐げられている人たちの避難場所」の意味で用いられています。

［例］a sanctuary for abused children 「虐待を受けている子どものための避難場所」。

さらに「鳥獣保護区域・禁漁区」という意味にまで発展しました。よって上記の英文は「その公園はアメリカで一番大きな野生生物の保護区だ」という意味になります。

Q It is (a) sacrilege to use such a wonderful Burgundy for cooking.

A sacri-「神の」＋ -lege「集める」です。-lege は元は legre ですが、-lectという形にも変化します。例えばcollect（col-「すべて」＋ -lect「集める」）、select（se-「外へ」＋ -lect「集める」）などが有名です。よって sacrilege は「神のものを集める」→「神のものを盗む」→「神への冒とく（的な行為）」→「けしからんこと」と変化しました。上記の英文は「こんないいブルゴーニュ産のワインを料理に使うとはけしからん」という意味です。

28. 再び新しくする
renovation（修復）

　　New Year「新年」の new はもちろん「新しい」という意味です。有名な物理学者 Newton の名前は、new town「新しい町」から由来したものです。ラテン語の novus「新しい」から派生した novel「斬新な」などの語もあります。この novus はフランス語にも入っています。例えば Beaujolais nouveau「ボージョレー・ヌーボー」は、言わずと知れたボージョレー地方産のブドウ酒の新酒。新しい酒ですから nouveau と言われるのです。これは毎年11月の第3木曜日の午前0時に解禁となり、日本でも酒屋の店頭に置かれていますね。また nova というと、英会話学校の名前を連想する人が多いと思いますが、元々は「新星」という意味です。これはイギリスの天文学者の J. ハーシェル卿が新しく発見された星や星雲を表すために、ラテン語をもじって導入した語です。

Q The novel was the beginning of her fame.

A novel「小説」は、イタリア語の novella storia「斬新な物語」が原義です。英語に翻訳すると a novel story ですが、ここから story が脱落して a novel で「小説」の意味になりました。このような脱落は a minute hour「細かい時間」→ minute「分」、a safe box「安全な箱」→ safe「金庫」など、よく見られます。日本語でも「デパートの地下街」→「デパ地下」などとしますよね。これと同じです。上記の英文の意味は「その小説が彼女の出世作となった」です。

Q The job was fun at first, but the novelty soon wore off.

A novelty は novel の名詞形です。novel は「斬新な」という意味の形容詞ですから novelty は「斬新さ」となります。上記の英文の意味は「その仕事は最初は面白かったけど、その目新しさはすぐになくなってしまった」です。wear off は「（靴などが）すり減る」という意味から「（感情が）徐々になくなっていく」という意味を持ちます。

Q A supernova can radiate as much energy as the Sun emits.

A super「超」+ nova「新星」ですから、文字通り「超新星」です。これは太陽の1千倍から1億倍も明るい星のことです。まさに「超」ですね。上記の英文は「超新星は（爆発するとき）太陽が放射するのと同じだけのエネルギーを放射する」という意味です。

Q Advanced information technologies and other technological innovations are revolutionizing society at an astounding pace.

A in-「中に」+ nova「新しい」から「新しいものを取り入れること」。ふつう「刷新」という訳語を当てます。動詞形のinnovateも重要です。上記の訳は「情報工学の進歩やその他の技術革新が社会を驚くべきペースで変革しつつある」です。

Q There will be extensive renovations to the school.

A re-「再び」+ nova「新しい」から、「修理したり塗装をやり直したりして元の良い状態に戻すこと」です。そこから「修復・改修」という訳語を当てるのがふつうです。上記の英文の意味は「その学校は広範囲にわたって補修がなされるだろう」です。

Q I am a complete novice at chess.

A novice は、元々は「新しく来た僧／見習い僧」の意味。現在では一般に「未熟者・初心者」の意味で用いるのが普通です。上記の英文は「私はチェスは全くの初心者です」の意味です。

Q There are a lot of neon lamps everywhere in Japan.

A neon は、19世紀の後半に英国の化学者によって発見された気体元素の名。ギリシャ語の neos「新しい」をもじり、「新しい気体元素」という意味で「ネオン」と命名されました。いわゆる「ネオンライト」の「ネオン」もこの単語です。余談ですが、あるイギリス人が、「日本のネオンライトの多さにはびっくりだよ」と言っていました。確かにそうかもしれませんね。上記の英文の意味は「日本では至る所にネオンの灯りがある」です。

Q I have decided to start life anew in New York.

A anew の a- は、元々は of（〜の中から）で、anew は「新しいものから」の意味。そこから「新しく」の意味になります。start life anew「人生の再出発をする」は有名な熟語です。上記の文章は「私はニューヨークで人生の再出発を切ることに決めた」という意味です。

29. 家を管理する
ecology（エコロジー）

　最近では日本語でも「ロジック」という言葉をよく聞くようになりました。この logic「（ロジック）論理・論理学」は、ギリシャ語の logos「議論の筋道」から生まれた語です。これが -logy と変化し、様々な接頭辞がついて主に学問名を表します。小説『ダ・ヴィンチ・コード』に登場したロバート・ラングドンの専門は symbology「象徴学」でした。なお、「語源学」は etymology と言います。

Q geology

A 地質学：geo- は「土」です。ですから土に関する学問で「地質学」となります。なお、geometry は geo- + metry(＝meter)「計る」で、地面を計ることから「幾何学」になりました。また、geography は geo- + graphy「図」で、地面を図にすることから「地理(学)・地形」という意味になりました。さらに geo が入った人名では George が有名ですが、もしこれを日本語にするなら「土男？」となり、Georgia は女性を表しますので、さながら「土子」ということでしょうか。

Q biology

A 生物学：bio- は「命」ですね。この単語はドイツの動物学者トレビラヌスが19世紀に作った造語です。なお、「バイオリズム」biorhythm は、bio-「生命」＋ rhythm「リズム」から1960年に作られた造語です。「生態機能周期」と訳されます。antibiotics は、anti-「〜に対抗する」＋ -bio- で「抗生物質」の意味となります。

Q sociology

A 社会学：socio- は「社会(society)」です。この単語はフランスの社会学者オーギュスト・コントによって19世紀に作られました。なお、「社会学」は広辞苑によると、「人間の社会的共同生活の構造や機能について研究する学問」ということです。

Q theology

A 神学：theo- は「神」の意味ですから、「神にかかわる学問」で「神学」となりました。enthusiasm「熱狂」は en- が「中」で「神の中に」が原義です。

Q astrology

A 占星術：astro- は「星」の意味です。＊のことを asterisk「アスタリスク・星印」といいますね。また、disaster「災害」は、dis-「分かれる」から「星の位置が悪いこと」の意味です。なお、stella も「星」を表します。constellation といえば、con-(= together) ですから「星が集まったもの」から「星座」の意味になりました。astrology は昔は「天文学」と「占星術」の二義を持っていましたが、17世紀に「天文学」は astronomy となり、astrology は「占星術」だけの意味となりました。

Q ecology

A 生態学：eco- はギリシャ語で「住み家」の意味でした。economy は、eco- + nomy(= nomos)「管理」から「住み家（＝家計）を管理すること」より、「経済・節約」になりました。ecology はドイツの動物学者E.H.ヘッケルによって作られた造語です。地球を「家」に見立てたのでしょうね。eco-friendly cars なら「環境に優しい」車です。

Q meteorology

A 気象学：meteor は「流星」のことです。なお meteorite は「いん石」のことです。meteorology は、元は「流星」の研究だったのでしょうね。

Q archaeology

A 考古学：archae- は「古代の」の意味です。archaic は「旧式の」の意味の形容詞です。また、archive「古い記録」という名の、古い記録映像を見せる番組がありますね。

Q zoology

A 動物学：zoo「動物園」は、元々 zoological gardens「動物にかかわる公園」でした。なお、botanical gardens といえば「植物園」のことです。

Q anthropology

A 人類学：anthropo- で「人類・人間」を意味します。なお arch- は「弓」という意味も持ちます。例えば、archery「アーチェリー」の仲間には archaic「古代の」archaeology「考古学」などがあります。arch- は「支配者 → 第1の・最高位の」の意味です。architect は「最高の」＋ tect「大工」から「建築家」となりました。なお、monarch は、mono-「一人の」＋ arch「支配者」→「君主」の意味です。

30. 強く照らして
enlighten（啓発する）

　光の芸術であるルミナリエの語源は、イタリア語で電飾を意味する言葉、Illuminazione Per Feste「祝祭のためのイルミネーション（illumination）」です。また、明るさの単位に使われているのは「ルクス（lux）」ですが、こうした単語に共通するのが -lu-「光」です。少し形は変わりますが「ライト（light）」も同系列の単語です。Lucy という名の女の子はスヌーピーでおなじみの漫画 Peanuts でも有名ですが、やはり -lu- が入っています。もし日本語に訳すなら「明子」でしょうか。今回はこの -lu- を扱います。

Q Don't cross the street before the light turns green.

A light は「光」ですが、そこから traffic light で「交通のための光」から「信号機」という意味になりました。文脈によっては traffic を省略してもＯＫです。なお、日本語では「信号が青に変わる」と言いますが、英語では green になることに注意して下さい。色の捕らえ方は英語と日本語では違う場合があります。例えば、英語では、太陽の色は yellow、月の色は silver です。上記の英文の意味は「信号が青になる前に道を渡るな」です。

Q The chandelier lit up the room.

A 「ライトアップ」は日本語にもなっています。これは light + up です。up は、元は「上がる」ですが、そこから「すっかり」という完了の意味で用いる場合があります。日本語でも「上がる」が「干上がる」など、完了で使われることがありますね。動詞 light の過去形は lit あるいは lighted を用います。上記の英文の意味は「シャンデリアが部屋を照らした」となります。

Q I am not much enlightened by your explanation.

A 2つも -en- がついていますが、最初の -en- は「中」の意味で、後の -en- は「強め」です。物事を明るく照らすことから「～を啓もうする」の意味となり、今では「～をはっきりと分からせる」という意味でも用いられています。上記の英文の意味は「あなたの説明ではよく分かりません」です。教師としてはこのように言われたくはないですね。

Q You should write in a clear and lucid style.

A lucid は、「光輝く」から「明瞭に表現された・理解しやすい」という意味に発展しました。上記の英文は「はっきりとした理解しやすい文体で書きなさい」という意味です。

Q The luster of the pearls is excellent.

A luster（イギリス英語では lustre）は「輝き」から「光沢」という意味になりました。上記の英文は「その真珠の光沢は見事である」という意味です。

Q The professor illustrated his theory by giving several examples.

A il-(= in-) は強めの働きですから、「光沢を加える」が原義です。そこから「～を図表を用いて説明する」となり、

さらに「詳しく説明する」となりました。日本語のイラストは主に「絵」のことを指しますから、誤解しないようにして下さい。上記の英文は「その教授は自説をいくつかの例を挙げて説明した」となります。

Q His lunatic decision left us speechless.

A ローマ神話でLunaは「月の女神」です。そこからLunaが「月」を表すようになりました。lunaticは、そのLunaから派生した語です。古文に「月見れば物狂おしけれ」という一節がありますが、「月」と「狂気」は万国共通なのでしょうか。なおLUNA SEA（lunacy）という日本人歌手グループがいましたが、これは「狂気」という意味です。上記の英文の意味は「彼の狂気じみた決定に我々は言葉を失った」です。

Q Lucy recovered from leukemia.

A -lu-はギリシャ語ではleukosとなります。leukemia「白血病」は、19世紀にドイツのR.フィルフューが、このleuk「光→白」＋ haima「血」から作った語です。上記の英文の意味は「ルーシーは白血病から回復した」です。

31. ぶら下がっている
appendix (盲腸)

「ペンダント (pendant)」といえば、首からぶら下がっているものですね。この -pend- は、ラテン語 pendere「つるす」の意味を持ちます。時計の「振り子 (pendulum)」も同じイメージの語です。また「この問題はペンディング (= 保留) ね」ということがありますが、これは pending「ぶら下げておく」→「未決定の」から来ています。

Q The country depends heavily on its tourism.

A de-(= down) は「下」ですから depend は「ぶら下がる」の意味です。『蜘蛛の糸』の話の中で、お釈迦様が垂らされた蜘蛛の糸にぶら下がるカンダッタのイメージです。問題では「接触」の意味の on と結びつき、depend on「〜にくっついてぶら下がる」から、「〜に頼る」となります。上の英文の意味は「その国は観光産業にとても依存している」です。

Q July the fourth is Independence Day.

A depend の形容詞形が dependent で、その反対が independent「依存していない」→「独立している」です。そしてこの名詞形が independence「独立」となります。Independence Day は「アメリカ独立記念日」で、1776年7月4日の独立宣言を記念したものです。

Q I had my appendix out last week.

A a＋同じ子音の重なりでは a＋子音は無視しても大丈夫でしたね。ですから appendix は文字通り「ぶら下がっているもの」です。本の巻末に appendix とあれば、それは「補遺付録」です。また、内臓の中でオマケとしてぶら下がっているものは「盲腸・虫垂」です。なお、appendix に -itis「〜炎」をつけた appendicitis といえば「虫垂炎」となります。上記の英文は「先週私は盲腸の手術を受けた」という意味です。

Q We should cut expenses.

A ラテン語 pendere は、「つるす」から「支払う」になりました。これは、てんびんの一方に商品をつるし、お金をもう片方につるして、釣り合ったところで「支払い」をしたことからだと言われています。ex- は「外」ですから、「外へ支払う」から「出費」となります。複数形で「経費」の意味にもなります。この単語の形容詞形は expensive「高価な」です。なお、この単語に名詞語尾 -ure がついた expenditure「歳出・出費」は expense より堅い語です。本文の意味は「経費を削らないといけない」です。

Q Billy spends all his money on horse-races.

A expend の接頭辞が消失した単語が spend です。spend ＋お金＋ on / for、で「～にお金を使う」という意味で用います。また spend ＋時間＋ -ing ／副詞句「～を…に費やす」も大切です。本文は「ビリーは有り金すべてを競馬にはたく」という意味です。

Q It is very hard to live on my small pension.

A pension もラテン語 pendere から来た語で、「年金・恩給」という意味になりました。さらに「寄宿費」という意味から「寄宿舎」→「民宿」→「ペンション」と変化しました。本文の意味は「わずかな年金で生活するのはとてもつらい」です。

Q The athlete was suspended for two years for doping.

A sus- は、sub-「下」ですから suspend は「下につるす」です。suspender といえば「ズボンつり」のことですね。ここから suspend は「(試合や議論など)を一時的に中断する」という意味に、さらに「〜を停学・停職・出場停止にする」に発展しました。上記の英文の意味は「その選手はドーピングのため2年間の出場停止処分になった」です。

Q Tom was given 30 days' pay for compensation for injuries at work.

A com-(= together)「共に」+「払う」から、「釣り合わせるために払う」→「補償する」となりました。動詞は compensate for「〜を補償する」です。上記の英文は「仕事中のけがに対する補償として30日分の給与がトムに支給された」という意味です。

32. 私的な法律
privilege（特権）

「プライバシー」は、完全に日本語になってますね。実は、これはラテン語の privus「離れた」から来ていて、「他の人から離れた」というのが元の意味です。private joke といえば「内輪でしか通じない冗談」ですが、いかにも「他の集団から離れた」という感じがしますね。

Q The president is paying a private visit to Europe.

A private は、official「公式の」の反対語として「私的な・非公式の」の意味を持ちます。日本語の「プライベートで」の語感とほぼ同じです。例えば private talks と言えば「非公式の会談」という意味です。上記の英文は「大統領は非公式でヨーロッパを訪問する予定である」です。余談ですが、-ate 終わる動詞は /-eit/ の発音ですが、-ate で終わる形容詞は /-it/ の発音となります。ですから private の発音は「プライヴィット」に近い感じです。また、be + (V)-ing で「実行することが確定している未来」を表します。進行形ですから、「すでに色々な準備などが始まっている」ということを暗に意味するわけです。

Q Billy is in private room in the hospital.

A 上の英文は「ビリーは病院の個室にいる」という意味です。では private house はなんでしょうか？「民家」という意味です。一見簡単そうですが、適訳を探すとなると大変ですね。では、private person とはどういう意味でしょうか？ これは「一人を好み、自分の考えや感情を口にしない人」のことです。private「世間離れ」という語感が大切ですね。

Q We talked about the matter in private.

A private は形容詞ですが、in private という熟語の場合は名詞の扱いとなりますので注意して下さい。これは「内輪だけで・内緒で」の意味を持ちます。反対は in public で「人前で・公共の場所で」。上記は「私たちはその件に関して2人だけで話をした」という意味です。

Q We were opposed to the privatization of postal services.

A private + ize「〜化する」から、privatize は「〜を民営化する」という意味になります。上記の英文は「私たちは郵政民営化に反対していた」という意味です。

Q These children have been deprived of a normal home life.

A de- は元は (= down)「下」ですが、そこから強調の接頭辞としての役目を担うことがあります。この単語でも「強め」の働きです。また、ラテン語 privus「離れた」の動詞形である privare は、「離れさせる」から「奪う」という意味を持ちました。以上から deprive は「奪う」の意味なのですが、用法に注意が必要です。deprive A of B の形で「A から B を奪う」の意味となります。「A から」ということに注意して下さい。上記の英文は、S has deprived these children of a normal home life.「S はこれらの子どもから正常な家庭生活を奪った」を受動

態にしたものです。これに似た意味をもつ動詞に rob がありますが、これは robe「ローブ・部屋着」と関係があります。robe は元々は戦利品として相手から奪った服のことを意味しました。そこから rob は「襲う」という意味になりました。deprive は「権利などのはく奪」にも使えますが、rob は文字通り「襲う」場合にしか使えません。rob A of B「A を襲って B を奪う」→「A から B を奪う」となります。名詞形の robbery「強奪・強盗」も併せて覚えておいて下さい。

Q Each of the professors has the privilege of having an office of their own.

A -leg- は、legal「法律の・合法の」と同語源です。ですから privilege「プライベートな法律」が元の意味です。そこから「その人だけに与えられた権利」→「特権」となりました。形容詞は privileged で、the privileged classes「特権階級」などに用います。上記の英文は「教授はそれぞれ自分専用の研究室を持てる特権がある」です。

33. 枠内で使う
term（用語）

　京都駅から東京行きの新幹線のぞみ号に乗ると、次のような車内放送が流れてきます。"This is the NOZOMI superexpress bound for Tokyo. We'll be stopping at Nagoya, Shin-Yokohama and Shinagawa stations before arriving at Tokyo terminal."「この電車はのぞみ号東京行きです。（終点東京に到着する前の）途中の停車駅は、名古屋、新横浜、品川です」。この中に登場する terminal は「終点」の意味ですが、元は -term- で「枠・境界」の意味です。ですから terminal は「ここでおしまい」という感じの単語なのです。アーノルド・シュワルツェネッガー主演の The Terminator『ターミネーター』という映画がありましたね。この terminator の中にも -term- が出てきます。ですから terminator というのは「命に枠組みを作る人」→「命を終わらせる人」→「殺人者」となります。今回はこの -term- を扱います。

Q Tim looks at everything in terms of money.

A in terms of money を直訳すると、「お金という枠組みの中で」となります。ティムが何かにつけてお金の話を持ち出す感じをつかんでください。ふつう in terms of は「〜の観点から」という訳語が当てられていますが、term =「枠組み」のイメージを大切にして下さい。上記の英文の訳は「ティムは何でもお金の観点から見る」となります。

Q "Bronchitis" is a medical term.

A a medical term の直訳は、「医学の枠」となります。つまり、「医学の枠内にあるものだ」ということから「医学で使われるもの」→「医学用語」という意訳が可能になるわけです。上記の英文の訳は「『気管支炎』は医学用語である」です。

Q We are on good terms.

A 直訳すると、「我々は良い枠組みの上にいる」です。これは、人 + be + on good terms（with）で「人は〜と良い間柄だ」という意味で用います。good terms の代わりに、speaking terms「話すような仲」、visiting terms「家を行き来する仲」、first-name terms「ファーストネームで呼び合う仲」、nodding terms「会釈する仲」というように使います。上記の英文は「僕たちは仲良しだ」という意味です。

Q The company's prospects look good in the long term.

A term に long、short、summer、autumn などが付くと「期間」という訳語が当てられます。別に term にそのような意味があるというのではなく、「枠」からの意訳なのです。上記の英文は「その会社の見通しは長期的には良好だと思われる」の意味です。

Q Circumstances determine someone's character.

A de- は元は (= down)「下」ですから、「枠を下に置く」イメージです。そこから「A が B を決める」となります。「人が〜することを決める」という場合は decide to (V) ですが、この単語は、「ある事柄がある事柄を決める」という文脈で用いるのがふつうです。ただし、人 + be determined to (V) で「〜する固い決意を抱いている」となります。名詞形は determination ですが、with determination というのは「(揺るがぬ決意を持って) 断固として」となります。上記の英文は「人の性格は状況で決まる」という意味です。

Q The experts exterminated the cockroaches in our home.

A ex- は「外」ですから、exterminate は「枠の外へ出す」という意味です。そこから「(思想・病気など) 〜を根絶

する」や「(害虫など)〜を駆除する」という文脈で用いられます。ですから、上記の英文は「その専門家は我が家のゴキブリを駆除してくれた」となります。

Q The doctor was talking about the importance of terminal care.

A terminal は、文字通り「枠の」という意味ですから、「最後の」という感じになります。たとえば terminal station なら「終着駅」ですが terminal care は「末期医療」という意味です。上記の英文は「その医者は末期医療の重要性について話していた」となります。

34. 付き添いのない
unattended（不審な）

　大変古い話ですが、一世を風靡したアメリカのエルビス・プレスリーの名曲に、Love Me Tender があります。非常にゆっくりとした優しい曲です。僕はプレスリー世代ではありませんが、この曲は何度も聴いたことがあります。心に染みる名曲というのは世代を超えて何かが伝わってきますね。さて、今回はこの tender の中にある、-tend- を扱います。-tend- は元々は「引っぱる」で、そこから「延びていく」という意味に発展しました。

Q Lynn covered my face with tender kisses.

A tender は「延びてゆく」から「優しい」に変化し、さらに「柔らかい・繊細な」という意味で用いられるようになりました。例えば、「柔らかいステーキ」は tender steak と言います。soft steak とは言わないことに注意して下さい。her tender fingers は、「彼女のか細い指」という意味です。tender subject と言えば「繊細な問題」→「微妙な問題」となります。上記の英文の意味は「リンは私の顔に優しいキスをいっぱいしてくれた」です。要するにラブラブな状況ですね。なお、この tender は副詞として「優しく」としても用います。冒頭で述べた Love Me Tender の tender は副詞です。

Q The tendency for young people to be indifferent to politics is nothing new.

A tend to (V) で、「V の方へ延びていく」という意味です。そこから「～する傾向にある」という訳語が当てられています。その名詞形が tendency to (V) となります。ですから、上記の英文の意味は「若者が政治に無関心なのは今に始まったことではない」です。

Q I attended their wedding last month.

A attend の最初の att- は、a＋子音＋子音ですから、at- の部分は方向性を示す ad- の変形でしたね。そこから attend の基本的な意味は、tend to とほとんど同じ意味になりますが、使われる場面が違います。attend a ceremony / a wedding / a funeral といえば、「儀式／結婚式／葬式に（儀礼的に）出席する・参列する」という感じです。ですからホームパーティーなどに「参加する」場合には使いません。その場合には go to a party と言います。また、attend school / university など、「〜に通っている」という意味でも用いられます。その名詞形 attendance at 〜「〜への出席」も大切な表現です。上記の英文の意味は「私は彼らの結婚式に先月出席した」です。

Q If you find unattended baggage, please inform us.

A attend は「〜にまで延びてゆく」という意味から「〜に心を向ける」という意味に発展します。例えば attend a child と言えば、「子どもに心が向けられる」から「子どもに付き添う」という意味です。「（飛行機の）客室乗務員」のことを a cabin attendant と言いますが、これも attend「付き添う」から来ています。JR の車内放送で「持ち主の見つからない不審な荷物を見つけたら、私どもにお知らせ下さい」（上記の英文の訳）と言われることがありますが、その「不審な荷物」を英語にすると、

unattended baggage「誰からも心を向けられていない荷物」となります。なお baggage は bags の集まったものを指しますので、不可算名詞で冠詞を必要としないことにも注意して下さい。

Q You are not paying attention to what I am saying.

A attend は、at- が「方向性」を示す接頭辞ですから to は不要なのですが、to をつけることがあります。attend to「〜を傾聴する」という相当堅い表現となります。ふつうの英語ではこれを名詞形にし、pay attention to「〜に注意を払う」を用います。上記の例文は「私の言っていることをあなたは注意して聞いていない」という意味です。attention は次のようにも用います。

［例］When hunting, a snake is very careful to advance with a minimum of movement so as not to attract the attention of its victims.
「蛇は獲物を捕まえようとする時に、犠牲となるものの注意を引かないように最小限の動きでとても注意深く進む」。

35. 外へ延ばす
extend（延長する）

　今回は前回に続き tend を扱います。tend は原義が「引っ張る」でした。tent「テント」は、「ピンと張られたもの」が原義です。昔 detente「デタント」という言葉をよく耳にしましたが、これは de-「逆方向」＋「緊張」から「(国際関係の)緊張緩和」という仏語から来た単語です。最近「テンションが高いね」という日本語をよく聞きますが、この「テンション」は元は tension「ピンと張った状態」→「緊張」のことです。ちなみに「彼はテンションが高い」を英語にするのは一苦労です。場面にもよりますが He is excited.「彼は興奮している」などとするのも一考です。

Q We are planning to extend our business hours to 10 p.m.

A ex-「外」へtend「延ばす」が原義です。extendは、extend the fence「フェンスを広げる」、extend the non-smoking area「禁煙区域を拡張する」、extend one's menu「メニューの品目を増やす」、extend the deadline「締め切りを延ばす」、extend the business hours「営業時間を延ばす」など、多岐にわたって使用可能な単語です。上記の英文は「我々は営業時間を午後10時に延ばそうと計画している」という意味です。

Q Last year we added an extension to our house.

A extensionはextendの名詞形です。これはコンピューター用語では「拡張子(ファイルの種類を示すためにファイル名の最後に付す文字)」ですね。またextensionsで「付け毛」、an extension (cord)「延長コード」などで使えます。上記の英文は「私たちは昨年、家の増築を行った」という意味です。

Q Japanese often pretend to be unaware of others' faults.

A pre-(=before)「以前に」+ tend「延ばす」ですから、pretend to (V) で「あらかじめ V の方向へ延ばす」が原義となります。「本当は違うのだけど、みんなに気づかれる前にカムフラージュとして V の方向へ自分を持って行く」という感じです。そこから「V するふりをする」となりました。pretend that SV としても使うことがあります。上記の英文の意味は「日本人は他人の欠点に気づいていないふりをすることが多い」です。

Q What exactly did you intend by that remark?

A in-「中に」+ tend「延ばす」→「向かう」から、「心が何かの方向へ延びていく」イメージ。そこから「〜を意図する」となりました。上記の英文の意味は「その発言で君はいったい正確には何を意図したのだ」→「その発言の真意はいったい何だ」です。

Q I intend to go back to work after I have had my baby.

A intend to (V) で、「V するつもりである」の意味です。これは plan to (V) よりも堅い表現ですから、日常会話には不向きです。日本語の「意図する」に近いと思います。上記の英文は「私は出産後、復職するつもりです」という意味です。

Q Bob is intent on his studies.

A intent は intend が変形された形で「確固たる意図」のイメージです。前置詞の on と結びつきます。on は「接触」から「意識の集中」というイメージに発展しますので合わせて覚えておいて下さい。(be) intent on (V)ing の場合には「堅い決意」を表しますが、(be) intent on ＋名詞の場合には「〜に没頭している」感じになります。上記の英文は「ボブは研究に没頭している」という意味です。

Q Some economists contend that in reality Japan's market is open.

A con- (= together)「一緒に」＋ tend「延ばす」から、「互いに引っ張り合いをする」となり、「戦う」の意味を持つようになりました。contend with 人「人と戦う・争う」の形で使います。しばしば have to の後にくることも覚えておいて下さい。contend that SV の形で、「(あることが正しいと) 〜と主張する」の意味で用いられます。上記の英文は「日本の市場は実際には開放されていると主張する経済学者もいる」という意味です。

36. 家の中は
domestic（国内の）

　東京ドームの dome は「丸屋根・ドーム」の意味ですが、この語はラテン語 domus「家」から来た語です。また、domus の派生語として、dominus「家の主人」というラテン語があり、そこから donna「イタリアの貴婦人・女主人」が登場します。さらにイタリア語で「私の」を意味する ma が、この単語の前について the Madonna「私の女主人」→「聖母マリア」となります。これがフランス語では Nortre-Dame「ノートルダム（＝私たちの婦人）＝聖母マリア」と変化します。madam「奥様」も、the Madonna と同語源です。さらに prima donna「プリマドンナ」も prima「主な」＋ donna「女主人」から来た単語です。Don Quixote「ドン・キホーテ」や、Don Juan「ドンファン」の don は元は dominus でした。

Q "Madam Butterfly" is a tragic opera composed by Puccini.

A sir は、店の男性の客、目上の男性などに用いられる丁寧表現ですが、madam は女性に対して用いられます。sir/madam に対応する日本語はなく、これらが用いられると発言全体が丁寧な響きになると考えてください。
［例］The lobby is just over there, madam. 「ロビーはあちらでございます」。
また、略されて ma'am となることもあります。余談ですが、Madam, I'm Adam. は逆さから読んでも同じになる有名な文です。madame は微妙につづりが異なりますから注意して下さい。こちらは Mr. に対応する表現で、主にフランス人の既婚女性に適応される場合が多いようです。上記の英文は「『蝶々夫人』はプッチーニ作の悲劇的オペラだ」となります。

Q Tom was arrested for domestic violence.

A dome「家」から派生したのが domestic です。これは基本的な意味は「家の」ですが、さらに「国内の」という意味に発展します。at home も元々は「家で」の意味ですが、at home and abroad といえば「国の内外で」の意味になります。世間を騒がせている DV といえば domestic violence「家庭内暴力」のことです。上記の英文は、「トムは家庭内暴力で逮捕された」という意味です。

Q In Neolithic times, the domestication of goats, sheep and cattle began.

A domestic の動詞形が domesticate です。これは元は「〜を家のものとする」ですが、現在では「(野生動物)〜を飼育する・家畜にする」「(野生植物)〜を栽培する」となりました。この名詞形が domestication です。なお、Neolithic は neo-「新しい」+「石」で、反対語は Paleolithic「旧石器時代の」で Mesolithic といえば「中石器時代の」です。上記の英文は「新石器時代には山羊、羊、牛の飼育が始まった」です。

Q James is dominated by his wife.

A dominus「主人」が dominari「〜を支配する」となり、現在の dominate「〜を支配する」となりました。なおゲームの「ドミノ」は、domino「支配する人」→「僧のずきんつきの衣」から、その衣がドミノ牌(はい)に似ていたことからつけられたとされています。上記の英文は「ジェームズは奥さんの尻に敷かれている」という意味です。

Q Child psychology is outside my domain.

A domain は、元々「領土」の意味だったのですが、ラテン語 dominus「主人」と意味と音が似ているためか、その影響を受けて今のつづりになりました。現在では「領土」の意味で使われる「インターネット上の住所」のことをドメインと言いますが、まさしく domain のことで

す。上記の英文は「児童心理学は私の専門外だ」となります。

> **Q** In biology class today we learned about dominant and recessive genes.

A dominant は「支配している」から、dominant language「(英語のような) 支配的言語」などで用いられますが、「(生物学における) 優性な」という意味でも用いられます。上記の英文は「今日の生物の授業で優性の遺伝子と劣性の遺伝子について学んだ」という意味です。

37. 哲学者らしく
philosophical（冷静な）

　philosophy「哲学」はギリシャ語に由来し、phil- が「愛する」で、sophia が「智恵」という意味です。phil- は大切な接頭辞で、philharmonic といえば「ハーモニーを愛する」という意味です。昔はやった覚醒剤の一種の「ヒロポン」は商品名ですが、「ヒロ」は phil- のことです。「常習者が愛する薬」というイメージでしょうか。philosophy の訳語は、明治時代に西周が philosophy を「賢哲の明智を愛し希求する」という意味で「希哲学」と定めました。これが後に「哲学」と変更されました。詳しい事情は分かりませんが、さまざまな考慮と配慮の末の結論であったことは容易に想像できます。今回は、この -sophia- を扱いたいと思います。

Q I am interested in the philosophy of Aristotle.

A philosophy は上にも書いた通り「哲学」という意味ですが、いわゆる「人生哲学」という意味にも用います。

［例］My philosophy is to do the best I can in everything. 「あらゆることにベストを尽くすのが私の主義です」。

また、philosopher「哲学者」というのも覚えておいて下さい。上記の英文は「私はアリストテレスの哲学に興味を持っています」という意味です。Aristotle が「アリストテレス」というのは意外に難しいですね。

Q Billy was philosophical about losing his job.

A philosophical は philosophy の形容詞形ですから「哲学にかかわる」という意味ですが、それが発展して「(突発的な事件が起きても哲学者のように) 動じない」という意味になります。例えば a philosophical approach to life ならば、「人生に対する達観した取り組み方」という意味です。上記の英文は「ビリーは失業することになっても動じなかった」という意味です。

Q My sister got into Sophia University this spring.

A 上智大学の上智という名前は、「聖母マリアの連祷」というカトリックの祈りの言葉の中にある「上智の座」から来たものであるとされており、「上智恵（＝最上の智恵のこと）」の意味も兼ねると言われています。Sophia という名は後からつけられたようです。上記の英文は「私の妹はこの春に上智大学へ進学した」という意味です。

Q Tom is only a sophomore and has enough time before looking for a job.

A sopho- が「賢い」で、more はギリシャ語の moros「愚かな」から来た単語です。直訳すると「賢くてかつ愚か」となります。これは、「大学の2年生」が freshman「新入生」よりは賢くて、junior「3年生」や senior「4年生」よりは「愚か」という意味からきたのかもしれません。余談ですが、関西にある大学では「大学〜年生」のことを「〜回生、〜回」と言います。「僕は2回だ」なら、「僕は大学2年生だ」という意味です。上記の英文は「トムはまだ大学2年生だから、就職まで十分時間がある」という意味です。

Q Protagoras was a typical sophist.

A sophist は「智恵者」の意味です。紀元前5世紀ごろ、ギリシャのアテネで弁論を教えることを職業としていた

人のことを指します。ただ相手を論破することに重点を置き、詭弁を弄することがあったので「詭弁学派」とも言われました。プロタゴラスがその典型的な人物とされています。上記の英文は「プロタゴラスは典型的なソフィストだ」という意味です。typical は type の形容詞形ですが、/tai-/ ではなく /ti-/ の発音になることに注意して下さい。

Q Ann is a sophisticated, witty American.

A sophisticated は、「智恵がある」ということから、人物に用いられた場合には「人生経験が豊かで、芸術、ファッションなどに対して感性が豊か」という意味となり、ものに使われた場合には、「複雑で精巧な」という意味になります。上記の英文は「アンは洗練された機知に富むアメリカ人だ」という意味です。

38. 検査しつつ読む
proofreader（校正者）

　昔、waterproof「防水の」という単語を見たとき、不思議な気持ちでいっぱいでした。proof は prove「～を証明する」の名詞形で「証明」ですから、waterproof は「水証明＝防水？」と思ったわけです。実は、prove は元々「（正しいかどうか）～を調べる」という意味でした。ですから waterproof は「水の存在を調べるもの」が原義です。調べるためにはいったん引き留めないといけませんから、「水を引き留めるもの」→「防水の」と変化したようです。

Q Can you prove you were at home when the crime was committed?

A prove は、「(正しいかどうか)〜を調べる」から「〜を証明する」となりました。裁判などの堅い英語から日常的な英語まで幅広く使われる単語です。さらに prove oneself to be 〜「自らが〜であると証明する」から oneself が脱落して prove to be 〜となり、「〜であると証明する」を意訳して「〜であると判明する」という訳語を当てることがあります。上記の英文の意味は「その犯罪が起きたときに家にいたことを証明できますか」です。

Q We are probing deeply into the actor's private life.

A probe /próub/ は prove /prú:v/ と一字違いですが、発音が異なりますので注意して下さい。probe も元は「調べる」という意味でした。そしてこちらの方は今でもその意味を持っていて、「探査する」という意味で用いられています。上記の英文の意味は「我々はその役者のプライベートな生活を徹底的に調べています」となります。

Q A Mars probe was launched on the morning of the fifth.

A probe は、名詞では「探査機」の意味を持ちます。月面探査や火星探査の装置のことを意味します。上記の英文は「火星探査機が5日未明に打ち上げられた」となります。

Q The theory announced on the TV program has been disproved.

A この単語での dis- は否定を意味します。ただし「証明しない」ではなくて「間違いであることを証明する」となりますので注意が必要です。上記の英文の意味は「そのテレビ番組で発表された理論は間違いであることが証明された」となります。

Q I will only buy a motorbike if my parents approve.

A a ＋同じ子音の重なりは、最初の a ＋子音は、方向性を示す ad- の変形でしたね。ですから approve は、prove と語源はほぼ同じです。ただこちらの方は「証明する」から「承認する」と意味が変わりました。主に approve (of) の形で、「承認する・認める」で用いられますが、「目上のもの（両親や上司）が同意する・承認する」という意味も重要です。堅い文章では approve that SV の形をとり「～だと承認する」となります。この場合は他動詞になります。上記の英文は「親が許してくれないとバイクは買えません」です。

Q I will very probably go abroad soon.

A probably は、probe「検査する」＋ able「できる」＋ ly（副詞をつくる接尾辞）ですから、本来は「検査に耐えうる」から「調べても大丈夫」となり、「恐らく～だろう」とい

う意味に発展しました。上記の英文は「私は恐らく近いうちに海外へ行くだろう」となります。

Q A vegetarian diet can improve your health.

A improve は get better の意味ですが、実は prove とはまったく違う語源を持つ単語です。これはフランス語の en prou「利益のために」に由来し、そこから「良くする・良くなる」と意味が発展しました。im + prove ですから「証明する」の反対語と考えるのは間違いですから注意して下さい。上記の英文は「菜食は健康を改善しうる」の意味です。

Q Garnet is an excellent proofreader. She never fails to correct any errors.

A proofread で「(〜を) 校正する」という意味です。「検査しながら読む」というイメージですね。上記の英文は「ガーネットは素晴らしい校正者だ。彼女にかかればどんな間違いも必ず訂正されてしまう」となります。

39. 長く続けられる
endure（我慢する）

　ル・マン24時間耐久レースというのを御存知ですか？ 毎年6月にフランスのル・マン市近郊で行われる24時間走りっぱなしの過酷なカーレースです。このような「耐久レース」を英語では endurance race と言います。endurance の動詞形は endure ですが、en- は、enjoy (= en- + joy)、enable (= en- + able) に見られるように動詞を作る接頭辞です。ですから dure が語源となります。この -dure- は「固い」が原義で、そこから「続く・長持ちする」という意味に発展しました。

Q I can no longer endure that woman.

A endure は、「長期にわたり文句も言わずに困難でつらい状況に耐え、何かをやり続ける」という意味です。ポイントは「長期にわたりやり続ける」にあります。この単語は相当堅い単語です。口語で「～に耐えられない」と言う場合には can't stand がよく用いられますので、併せて覚えておいて下さい。なお、endure を用いた諺には What can't be cured must be endured.「直せないものは我慢するしかない」というのがあります。これは「悪い状況でも文句ばかり言っても仕方ない」という意味です。上記の英文の意味は「あんな女にはこれ以上我慢できない」となります。

Q I am close to the limit of my endurance.

A endurance は endure の名詞形です。demand endurance「忍耐力を必要とする」、develop endurance「忍耐力を養う」、beyond my endurance「僕の忍耐力を越えている」などで用います。上記の英文は「私の忍耐の限界に近いところにいる」→「そろそろ忍耐の限界だ」という意味です。

Q Please remain seated during the performance.

A during は、動詞の dure「耐える・持続する」が現在分詞 during になり、それが前置詞化したものです。ですから元は「〜が続く間」だったものが、「〜の間」という前置詞になりました。なお、動詞 dure は現在は用いられていません。during のように、分詞が前置詞化した例は他にも、including 〜「〜を含めて」、failing 〜「〜がない場合には」などがありますので覚えておいて下さい。during は、後ろに the などを伴う特定の期間がくることがほとんどです。for も期間を表すことがありますが、こちらの方は、two months / ten years などのように、冠詞を伴わない期間を表す名詞が置かれるのが一般的です。また、during + (V)ing という形は使われていませんので英作文の時には注意して下さい。例えば「旅行中に」という場合には、during traveling とは言わずに while (I was) traveling とします。上記の英文は「上演中は席を離れないで下さい」となります。

Q Mountaineering reguires a durable pair of shoes.

A durable は dure「耐える・持続する」+ able ですから、「持続可能な」が原義です。「形のある衣服・色など」から「形のない友情・平和など」が「長持ちする」という意味で用いられます。上記は「登山には丈夫な靴が必要だ」という意味です。

Q Sales of consumer durables such as refrigerators and microwave ovens are decreasing.

A durable が名詞として「耐久（消費）財」の意味で用いられる時があります。ふつう複数形になります。上の英文は「冷蔵庫、電子レンジなどの耐久消費財の売り上げが減少している」という意味です。

Q The world record for flight duration was broken last year.

A duration は、dure の名詞形で「耐久・持続」という意味の単語です。the average duration of daily sunshine「平均日照時間」などの比較的堅い文で用いられます。上記の英文は「滞空飛行時間の世界記録は昨年破られた」という意味です。

40. バシャバシャと splash（ぬらす）

　springを辞書で引くと、「春、泉、バネ、跳ぶこと」などと書いてあります。日本で「春」といえば「うららか」なイメージがありますが、英語のspringは古英語のspringan「突然飛び出す・跳ねる」が語源です。イギリスは北海道とほぼ同じ緯度にあり、厳しい冬に耐えて生命が躍動するのがspringというわけです。ですからイギリス人にspringという季節を聞いて何をイメージするか？ と尋ねたところ、energy「エネルギー」という答えが返ってきました。異なる気候や文化を持つ故、単純にspring＝「春」というわけにはいかないのです。今回は、このsp-という語を扱います。speak「話す」、spray「スプレー」、sprinter「短距離走者」、spurt「スパート・噴出」などもここに属する単語です。

Q Ann spat in her husband's face and went out.

A spit は「つばを吐く」や「(怒った猫が) フーッとうなる」という意味です。上記の英文は「アンは夫の顔につばを吐きかけ出て行った」という意味です。怖いですね。

Q The oil spill brought about the death of tens of thousands of seabirds.

A spill は、自動詞では「こぼれる・あふれる」、他動詞では「〜をこぼす」というイメージです。例えば Water spilled from the pail.「水がバケツからこぼれた」というように使います。It is no use crying over spilt milk.「こぼれた牛乳に対して嘆いても仕方ない」→「後の祭り」は有名な諺です。また名詞形も動詞と同形です。上記の英文の意味は「石油の流出は何万羽という海鳥の死をもたらした」となります。余談ですが、SPILL and SPELL というゲームがあります。アルファベットの書かれたサイコロを spill (ばらまく) した後、それを用いて単語を作るゲームです。面白いので一度試してみてください。

Q The car splashed mud on me.

A splash は「バシャ、ジャブジャブ」という擬音語のイメージです。enjoy a splash なら「水のかけ合いをして楽しむ」。jump into the river with a splash は「バシャッという音をたてて水中に飛び込む」。上記の英文は「その車は私に泥を跳ねかけた」という意味です。

Q Sprinkle sugar evenly over the top of the cake.

A sprinkle は、sprin-「散らす」+ -kle「小さい」ですから、「小さいものをまき散らす」から、「パラパラ、バラバラ」というイメージの単語です。散水装置のことを sprinkler というのは有名ですね。塩やコショウを振りかける時にもこの単語を用います。上記の英文は「ケーキの上面に砂糖を満遍なく振りかけなさい」の意味です。

Q Police dispersed the protesters with tear gas.

A dis- は「分ける」+ sperse「散らす」ですから、「四方に散らす」の意味です。自動詞としても使えます。
［例］The fog quickly dispersed. 「霧は瞬く間に消えた」。
上記の英文は「警察は抗議する人々を催涙ガスで四方に追い散らした」という意味です。

Q The fields spread out before our eyes.

A spread は幅広い文脈で使えます。自動詞では「暴動が広まる、安心感が顔に広がる、うわさが広がる」などで使えます。他動詞では「(両手)を広げる、(ペンキ)を塗る、(テーブルクロス)を広げる」などです。上記の英文は「畑が私たちの眼前に広がっていた」となります。

Q There are weeds sprouting from cracks in the sidewalk.

A sprout は、「(植物が)発芽する・(葉が)出る」というのが基本的な意味です。bean sprouts「もやし」などが有名です。上記の英文は「歩道の割れ目から雑草が顔をのぞかせている」という意味です。

Q The engine sputtered and died.

A sputter の、-er は反復を示す接尾辞です。「エンジン、火などがパチパチ、バチバチと音を立てる」、また「人が怒りや動揺のため早口で話す」という意味に用いられます。上記の英文の意味は「エンジンはバチバチと音を立てて止まった」です。

41. 圧力メーターから
barometer (指標)

　measure「メジャー」というのは「測定」の意味ですが、元は meter「メートル」からきました。moon「月」も、meter と同語源だと言われています。月の運行と暦が密接な関係にあったことを考えれば納得ができますね。

Q The tailor took my measurements for a suit.

A measure は「測定」で、take one's measurements で「〜の（身体の）寸法を測る」という意味です。上記の英文は「仕立屋はスーツのために私の採寸をした」となります。

Q The government must take drastic measures against illegal immigration.

A measure は「測定」ですが、普通、複数形で「手段」という意味を持つことがあります。「ある問題をさまざまな角度から測定する」ということからきたように思われます。上記の英文は「政府は不法入国に対する抜本的な対策をすべきである」という意味です。

Q The perfect symmetry of this temple is amazing.

A symmetry は、sym- が「同じ」ですから「左右同じように測定したもの」→「左右対称」「釣り合い」という意味を持つようになりました。なお、反対語の asymmetry「非対称」もついでに覚えておいて下さい。この場合の a- は否定の意味を持ちます。上記の英文の意味は「この寺院の完ぺきな対称性は素晴らしい」となります。

Q Keep the thermometer under the tongue for about three minutes.

A therm- は「熱」を表します。meter は「計る」ですから、thermometer で「温度計」「体温計」のことです。上記の英文の意味は「約3分間、体温計を舌の下に挟んで下さい」となります。なお geometry「幾何学」(geo-「土」＋ metry (= meter)「測定」)で、これはすでに出てきましたね。

Q Newspapers can be barometers of public opinion.

A barometer は、baro- は「重力・圧力」で、元は「気圧計・晴雨計」でしたが、「指標」という意味に発展しました。上記の英文は「新聞は世論の指標になりうる」の意味です。

Q The metric system was first proposed by Gabriel Mouton in 1670.

A metric は meter の形容詞ですが、現在では the metric system で「メートル法（度量衡法で単位を meter、liter、gram とする）」として重要な語です。上記の英文は「メートル法は1670年にガブリエル・モートンによって初めて提唱された」という意味です。なお、metric の変形の metro- は metronome（＝測定＋法）「メトロノーム」で有名です。

Q There is still an immense amount of work to be done.

A mense は、ラテン語の mensis（＝month）からきた単語ですが、mensis も元はと言えば測定からきています。1年365日は、その毎日が月の満ち欠けによって測定されるものであったことを考えれば納得できます。また、the menses「月経」も当然「月」と関係するわけです。また、in-（p、b、m の前では im-）は否定を示す接頭辞ですから、immense は「計り知れない」という意味なのは理解できますね。上記の英文は「やるべき仕事はまだ膨大

にある」です。この語源の勉強のようですね（笑）。

Q The dimensions of this picture are 20cm long by 60cm wide.

A dimension は、di-「(= dia-) 横切って」+ -mension「測定」から「モノの寸法」の意味になりました。上記の英文の意味は「この絵の大きさは縦が20センチで横が60センチです」。

Q My new job added a new dimension to my life.

A dimension は「寸法・大きさ」から発展して現在では aspect「側面」の意味も持ちます。「あるものをどう計るか？」＝「あるものの見方・側面」という発想だと思われます。上記の英文は「私の新しい仕事によって私の人生に新たな側面が加わった」となります。

Q The dome is 50 meters in diameter.

A diameter は、dia-「横切って」+ meter「測定」から「直径」という意味になりました。上記の英文にあるように、ほとんどの場合 in diameter「直径〜」で用いられます。上記の英文は「そのドームは直径50メートルだ」という意味です。

42. 突然出てくる emergency（緊急）

　近ごろ、M&A（merger and acquisition）「企業の吸収合併」という語は日本でも一般的になりました。ここに登場する merger「合併」は、元々はラテン語の mergere「沈む」から来ています。merger とは「二つの会社が水の中でドロドロに溶けて一つになるイメージ」と言うと、おしかりを受けるかもしれませんね。映画『日本沈没』はアメリカでは Tidal Wave（高波）という題名が付けられましたが、本来の英語題名は Submersion of Japan（日本の水没）です。今回はこの merge を取り上げたいと思います。

Q The company is very likely to merge with ABC.

A merge with は、先にも書いた通り「〜と共に沈む」という原義から、「〜と混じり合う」という意味になり、さらに「〜と合併する」という意味でも使われるようになりました。上記の英文の意味は「その会社はABCと合併する可能性がとても高い」です。

Q The sun emerged from behind the clouds.

A e- (= ex)「外」+ merge ですから「水没していた状態から外に出てくる」が原義です。そこから「(暗闇や閉じられた空間から突然) 出現する」という意味で用いられます。上記の英文の意味は「太陽が雲の背後から顔を出した」となります。形容詞形は emergent ですが、これは「突然現れた」から、emergent nations「新興国」などで用います。

Q This door should only be used in an emergency.

A emergency は、「突然出てくること」から「緊急」の意味に発展しました。たとえば declare a state of emergency で「緊急事態を宣言する」、an emergency exit で「非常出口」、an emergency landing「不時着」、a national emergency「有事」という意味です。救急医療の現場を舞台にした米テレビドラマ ER『緊急救命室』は、Emergency Room の略です。上記の英文の意味は「このドアは非常の場合以外は使用禁止」となります。

Q Hurricane Katrina submerged about 80％ of New Orleans.

A sub-「下」ですから、submerge は文字通り「下に沈める」という意味です。そこから「〜を水没させる」という意味で使われています。上記の英文の意味は「ハリケーン・カトリーナのせいでニューオーリンズの約80％が水没した」となります。余談ですが、北西大西洋上で発生したハリケーンは、あらかじめ定められたアルファベット順に名前を記したリストから命名されます。このリストは6種類用意されており、7年目にはまた元のリストに戻ります。ただし特別な被害を出したハリケーンの名前は永久欠番（retired）になります。なお2001〜2007年のリストは、Allison、Barry、Chantal、Dean、Erin、Felix、Gabrielle、Humberto、Iris、Jerry、Karen、Lorenzo、Michelle、Noel、Olga、Pablo、Rebekah、

Sebastien、Tanya、Van、Wendy ですが、Allison、Iris、Michelle は retired になり、それぞれ Andea、Ingrid、Melissa に変更になっています。なお2005年のリストにあった Katrina も retired になり Katia に変更になりました。

Q Immerse your ankle in ice-cold water to reduce the swelling.

A ex-/e- の逆は in-/im- ですから、emerge の反対語は immerge です。ただしこの単語は現在ではほとんど使われていません。その代わりに少し形を変えた immerse が使われています。immerse は「～に入れ沈める」から「～を浸す」という意味です。上記の英文の意味は「腫れが引くように、足首を氷水に漬けなさい」となります。

Q Clare and Phil were immersed in conversation in the corner.

A immerse は意味が発展して、(be) immersed in で「～に没頭している」という意味になります。新しい言語を習得する方法の1つに total immersion というのがありますが、これは24時間、その言語以外使わないで生活するという、まさに「没入方式」です。上記の英文は「クレアとフィルはその曲り角で会話に夢中になっていた」の意味です。

43. 習慣化して
accustomed（慣れる）

　杉田玄白の『ターフェル・アナトミア (Tafel Anatomia)』は日本名では『解体新書』ですが、この anatomia の tomia /tom は、「切り刻む」という意味です。ana- は、今ではさまざまな意味に発展していますが、元は「さかのぼって」という意味です。よって anatomia は「さかのぼって切り刻む」となり、そこから「分析・解剖」という意味が出てきました。ですから anatomy と言えば「解剖(学)」のことを指します。なお、ana- を使った単語の例を挙げれば、anachronism =ana-「さかのぼる」+「時間」で「時代錯誤」、anagram = ana-「さかのぼって」+-gram「書く」から「アナグラム（つづり換え：live → evil）」などがあります。少し難しい単語ですが entomology（昆虫学）とは、en-（in- の変形）「中に」+ -tom-「切り刻む」+ -logy「学問」ですから、entom が、昆虫のいつくかの部分に分かれているイメージを表しています。

Q A water molecule consists of three atoms.

A atom「原子」は、元は a-（否定を表す）＋ -tom「切り刻む」ですから、「これ以上には切り刻むことができないもの」だったわけです。現在では原子より小さいクオークとかレプトンなどが見つかっていますが、atom が使われていた時代では atom が最小だったようです。atom の形容詞形は atomic で、atomic bombs といえば忌まわしい「原子爆弾」のことです。上記の英文は「水分子は3つの原子からなる」という意味です。

Q Bowing is a Japanese custom.

A custom は、cu-「(con- の変形) すっかり」＋ -s-「(= sue) 追い求める」＋ -tom「切り刻む」です。「客の追い求めるものに沿うように切りそろえたもの」が原義。毎回毎回、同じように切りそろえることから「習慣」の意味が出てきました。custom は現在では個人の習慣よりも、社会の中の習慣の意味で使うのが普通になっています。「個人の習慣」の意味では habit を使います。上記の英文は「お辞儀は日本の習慣です」という意味です。bow の発音は「お辞儀する」の意味では /báu/ であることに注意して下さい。

Q The newly opened supermarket is full of customers.

A customer は、custom + -er「人」ですから、「custom をしてもらう人」が原義です。そこから「(商店などに来る)客」の意味になりました。customer は必ずしも「何度も店に来ている客」とは限りません。初めての人でも customer ですから気を付けてください。なお、日本語の「客」は幅広い場面で使用できますが、英語は場面によって使い分けが必要です。たとえば「ホテルなどの宿泊客」は guest、「乗客」なら passenger と言います。上記の英文は「その新装開店のスーパーは客でいっぱいだった」の意味です。

Q I always feel nervous at customs even if I have nothing to declare.

A custom が複数形になった場合には注意が必要。単に「習慣」の複数形の場合もありますが、「税関」という意味になることがあります。これは昔、収税官がいつも同じやり方で税を徴収したことからきています。上記の英文は「申告するものがなくても税関ではいつもドキドキする」という意味です。経験のある方は納得できると思います。

Q I am not accustomed to getting up early.

A a +同じ子音の重なりですから、最初の ac- は方向性を示す ad- の変形です。そこから accustom で「習慣

化する」という意味になりました。現在では (be) ac-customed to ＋名詞／動名詞で「～に慣れている」という意味で用います。上記の英文の意味は「私は早起きに慣れていない」です。同じ意味の口語的な熟語に (be) used to があります。

Q It is estimated that there are nearly half a millon words in English today.

A estimate の語源は複雑です。es- は「原石・鉱石」の意味で、tim は tom の変形されたもの。よって、「原石を切る」が原義となります。石を切りながら「いくらぐらいになるのかな？」と推定したことから現在の「推定する」という意味に発展したようです。estimate はほとんどの場合、It is estimated that SV. の形で用いられ、「ある数字を推定する」という意味になります。上記の英文の意味は「今日の英語にはおよそ50万語の単語があると推定されている」です。なお esteem も同語源の単語です。

44. 下に押される
depression（うつ）

　Billy Joel のコンサートに 27 年ぶりに行ってきました。第一印象は、「お互いに太ったな」でした。けれど彼は元気いっぱいに昔のヒット曲の『プレッシャー』(Pressure) を歌ってくれました。この pressure にある press は「押す」という意味ですが、「洗濯物をプレスする」などで日本語でも頻繁に見られますね。compresser といえば「空気の圧縮機」でこれも日本語になっています。espresso「エスプレッソ」はコーヒーの一種ですが、熱湯を蒸気圧で es-（=ex-）「外」に出すことによって作られます。

Q I will check your blood pressure. Please roll up your sleeve.

A one's blood pressure は「〜の血圧」です。上記の英文の意味は「血圧を測りますから、袖をまくってください」です。なお a pressure group は「圧力団体」です。

Q I was greatly impressed by his remark.

A in-「中」は、p、b、m の前では im- に変化します。ですから impress は「心の中に押す」というイメージです。そこから「〜に強い印象を与える」となります。その印象は良い場合もあるいし悪い場合もあります。なお、(be) impressed by「〜に印象を受ける」という形で覚えるようにして下さい。上記の英文の意味は「私は彼の言葉に強く印象付けられた」です。

Q Don't judge someone by your first impression of them.

A impress の名詞形が impression ですから「印象」という意味です。上記の英文の意味は「第一印象で人を判断するな」です。someone は現在では they で受けるのが普通です。なお、impressionists は画家のマネ、モネなどの「印象派」の意味です。

Q Japan was in the middle of a depression.

A depress は de-「下」+「押す」ですから、「下に押す」から「うつにさせる」「不景気にする」という意味に発展します。名詞形の depression は「うつ」「不況」という意味になります。1929年の「世界大恐慌」は the Great Depression と言います。上記の英文は「日本は不況のまっただ中にいた」という意味です。

Q Feel free to express your opinions.

A ex- は「外」ですから、「外に押す」イメージです。そこから「〜を表現する」という意味に発展します。英作文では express one's feelings / thoughts / opinions（感情／考え／意見を表現する）で頻出です。上記の英文は「自分の意見は遠慮無く言いなさい」という意味です。日本人はこう言われてもなかなか言えませんね。

Q David came up to me with a sad expression on his face.

A express の名詞形は「表現すること」から「表情」にまで発展します。上記の英文は「デイビッドは悲しそうな表情を浮かべて僕に近づいた」という意味です。

Q The dictator oppressed his people for a long time.

A op- は、ob-「反対」が、後ろの p に同化して op に変わったものです。そこから「反対」+「押す」となり、「押し返す」というイメージです。主に「(残酷に、不当に)〜を圧迫する」の意味で用いられます。上記の英文の意味は「その独裁者は人民を長期にわたり虐げた」となります。

Q I was unable to suppress my anger.

A sup- は、sub「下」が、後ろの p に同化して sup に変わったものです。ですから「下」+「押す」で「下に押しつける」イメージです。この単語は、「(反乱・暴動)を鎮圧する」「(笑いなど)を抑える」といった、日本語の「抑える」に近いイメージです。上記の英文の意味は「私は怒りを抑えることができなかった」です。一体、何があったのでしょうね？

45. ちょっと変える
alternative（代案）

　エイリアンというと、非常に気味の悪い生き物を連想してしまいます。このエイリアンは英語ではalienですが、ali-がもともとは「他のもの」という意味で、そこから「異質のもの」「異邦人」「異星人」という意味に発展していきました。刑事ドラマで必ず出てくるアリバイ（alibi）も同語源で、元は「他の」＋「場所」で、「事件現場とは他の場所にいたことを証明するもの」の意味です。

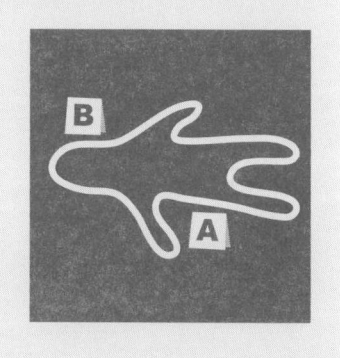

Q Bowing is a custom alien to us.

A alien は必ずしも気持ち悪い生物を意味するとは限りません。foreign より堅い語と覚えておけばよいでしょう。上記の英文の意味は「お辞儀は私たちにはなじみのない習慣だ」です。似た単語に foreign があり、an idea foreign to me で「私になじみのない考え」という意味になります。foreign country は「なじみのない国」を意訳して「外国」となりました。意外と間違えやすいので注意が必要です。

Q I altered the appearance of my room by moving the furniture.

A 「他のものにする」から「変える」へと意味が発展した語です。change と違い、大幅な変更ではなく「一部を変える」というイメージの単語です。また、その変化が長期にわたることを示唆することもあります。

[例] The social and economic position of women has altered since 1945. 「女性の社会的かつ経済的な地位は 1945 年以来変化してきた」

上記の英文は「家具を動かして部屋の模様替えをした」の意味です。

Q I had no alternative but to take a taxi.

A alter の派生語で「ちょっと変えた方法」という意味です。たとえば終電に間に合わずにタクシーで帰る場合、その「タクシーを使った」というのが an alternative です。カプセルホテルに泊まるとなると随分と異なった方法になってしまいますが、タクシーなら電車と同様に自宅に帰るという点では同じですから、an alternative と言えると思います。試験の「四者択一問題」も alternatives と言います。また an alternative to 〜で「〜の代わりの方法」というのも重要です。さらに have no alternative but to (V) は「〜するより他に方法がない」という熟語的な表現です。この英文の but は except の意味で用いられています。上記の英文は「タクシーに乗るより他に方法が無かった」の意味です。

Q Good and bad luck seem to alternate in my life.

A 電流には直流と交流がありますが、交流はプラスとマイナスが交互に出てきます。この alternate はそのようなイメージの単語です。常に alter が繰り返されるわけです。上記の英文は「私の人生では幸運と不運が交互に訪れてくるように思われる」の意味です。また、この語は形容詞としても用いることができます。
　［例］alternate stripes of red and white
　　　「紅白の縞模様」

Q Top politicians are not usually motivated by altruism.

A altruism は、「他のもの」+ ism「主義」から、常に他を中心とする主義のことで、日本語では「利他主義・愛他主義」と呼ばれています。フランスの哲学者が egoism「利己主義」に倣って19世紀に作った造語です。この単語は以前のセンター試験で意味の類推問題として登場しました。上の英文は「トップにいる政治家は必ずしも愛他主義によって動いているわけではない」となります。

Q Let's go somewhere else.

A else「他の」は古英語 elles「他の」から出てきた単語で、これも alter と同系語です。something / nothing / everything などの後に置かれて用いるのが一般的です。あとは elsewhere「他の場所に」などの複合語で使われます。この単語を、昔ある高校生が「イルーズ」と読んで目が点になったことがあります。発音にはくれぐれも注意して下さい。上記の英文は「どこか他の場所へ行こうよ」という意味です。

46. 膨らみは
breast（胸）

　英語の brew は「醸造する」という意味ですが、これは元々は「膨れる」という意味でした。発酵すると膨れますから、そのようなイメージだと思われます。bread もこれと同じ語源で「発酵したもの」から来ています。日本語では「米」が「食べ物」の意味で用いられることもあります。「おまんまの食いあげになる」というのは「お米が食べられない」から「食べる物に困る」の意味ですね。それと同様に bread は「パン」だけの意味ではなく、さまざまな意味に発展していきます。

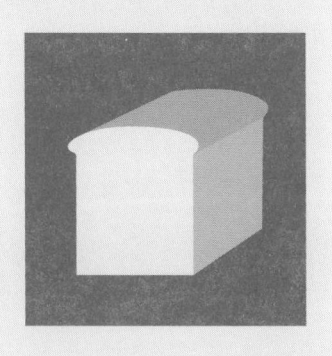

Sake is an alcoholic beverage brewed from rice.

brew の発音は /bru:/ です。r の音ですから舌を後ろに引いて発音して下さい。上記の英文の意味は「酒は米から醸造するアルコール飲料である」です。

Let's have a party to celebrate the bride and bridegroom.

bride は元はといえば「パンを焼く女」の意味でした。そこから「花嫁」になったようです。日本語の「花嫁」という単語は「花」＋「女」＋「家」ですから bride とは随分イメージが違う気がします。bridegroom は、bride「花嫁」＋ groom「男」からできたようです。なお「新郎新婦」は、日本語とは語順が逆で上記のようになります。上記の英文の意味は「新郎新婦を祝ってパーティーをしよう」です。

Q The official was arrested on suspicion of accepting bribes.

A どこの世界でも「袖の下（＝わいろ）」はつきもののようです。under the table という英語もあるぐらいです。「わいろはそっと下から」というイメージは万国共通なのかもしれません。bribe「わいろ」は「パンを渡すこと」からきた単語です。パンをもらったぐらいではうれしくないだろう、という声が聞こえてきそうですが、もちろんここでの「パン」は「お金」に近い意味を持つと考えられます。bribery cases といえば「収賄事件」のことです。上記の英文は「その役人はわいろを受け取った疑いで逮捕された」の意味です。

Q Ann buried her face against her mother's breast.

A breast も、元は「膨れたもの」から「(女性の) 乳房」の意味に発展しました。「胸」を表す単語はいくつかありますが、この breast は「女性の胸のふくらみ」をイメージさせる単語です。a child at the breast なら「乳飲み子」の意味です。上記の英文の意味は「アンは母親の胸に顔を埋めた」となります。

Q Swallows make nests in preparation for breeding.

A a brood「ひな鳥」は、「親鳥が小鳥を抱いてうずくまっ

ている姿がパンに似ている」という説もあれば、「発酵」のイメージから「じわじわ育てられたもの」という説など色々です。この動詞形が breed ですが、これは「(繁殖させることを前提に) 育てる」の意味です。昨今では犬のトップブリーダーという日本語は有名ですね。上記の英文は「ツバメはひな鳥を育てる準備に巣を作る」。

Q My sister has just bought a brand new BMW.

A 冒頭で示した brew「発酵する」の元の意味は「膨れる」と書きましたが、さらにさかのぼると、「火を使って膨らませる・煮る」という意味が出てきます。brand もそこから発展した単語です。そこから「火を使って財産である牛に焼きごてを当てる」という意味を持つようになり、さらに「烙印」「商標」という意味に発展していきます。なお brandy はワインを蒸留した酒ですが、それを寝かせる「樽」に焼きごてで商標が表示してあったことが語源です。なお、日本語の「ブランドものの鞄」の「ブランド」は、brand とはずれています。たとえば「ブランドの鞄」なら a designer bag などと言えば近いかもしれません。brand new という単語は、現在では completely new and unused の意味で、brand の意味とは離れてしまいました。上記の英文は「姉さんは新品のBMWを買った」という意味です。

47. 風にそよぐアネモネから
anemometer（風力計）

　日本が世界に誇る「アニメ」は、今では日本語と同様に anime でも通じるようです。この単語の起源となる anima は、元々は「息」「魂」という意味です。つまり動く漫画は「魂の入った漫画」というイメージですね。animism といえば「万物に霊魂が宿っているとする説」のことです。animal「動物」は有名な単語ですから解説はなくてもよいでしょう。花で anemone「アネモネ」というのがありますが、これは「息」から発展して「風にそよぐ花」という意味です。

Q As my father talks about trains, his face becomes animated.

A animate は「息を吹きかける」から「生命を与える」「活気づける」と発展しました。animated は「生き生きとしている」という意味です。主に、「人と話す時に冗舌になったり、目を輝かす様子」を表す時に使います。「エネルギーに溢れていて、動き回っている」というような場合には energy の形容詞形の energetic を用います。

［例］This country needs a young, strong, energetic leader who will change things. 「この国は現状を変える若くて力強く、エネルギーに満ちた指導者を必要としている。

上記の英文は「父は電車の話をするときは顔が生き生きとする」という意味です。きっと、父は「鉄っちゃん（鉄道マニア）」なのでしょうね。

Q In some cultures inanimate objects such as mountains are worshiped as gods.

A animate に否定を示す接頭辞の in- がついてできたのがこの単語です。文字通り「生命がない、活気がない」という意味です。上記の英文は「山のように生命を持たない物質を神として崇拝するような文化も存在する」という意味です。

Q A number of his works have been made into animated films.

A 「アニメ映画」は、正式には animated films と言います。上記の英文は「彼の作品のいくつかがアニメ化されている」という意味です。

Q An anemometer is a gauge which measures the velocity of the wind.

A anemone は、冒頭で説明したとおり「風にそよぐ花」ですから、anemometer は「風を測定する機械」のことで「風力計」の意味です。一般に -meter で終わる単語はアクセントがその直前にあることに注意して下さい。たとえば diameter「直径」なら a の上にアクセントがあり、barometer「気圧計」なら o の上にアクセントがあります。例外は centimeter「センチメートル」で、この場合には最初の e の上にアクセントがあります。上記の英文は「風力計とは、風の速度を測る計器のことである」という意味です。余談ですが、「風鈴」に対応する英語は a wind-bell で、「風力発電所」は (a) wind power plant です。

Q The committee reached a unanimous decision to close the school.

A unanimous の un- は、uni-「一つ」の意味です。そこから「息、魂を一つにした」という意味になります。そ

こから「誰一人として異議を唱える者がない」→「満場一致の」という意味になります。Tom was elected by a unanimous vote. と言えば「誰一人反対することなく満場一致でトムが選出された」という意味です。上記の英文は「委員会は、その学校を閉鎖する決議を満場一致で可決した」という意味です。なお、unanimous の名詞形は unanimity ですので、併せて覚えておいて下さい。

Q There is so much animosity between the two countries that it seems unlikely that they will reach a cease-fire agreement.

A animal は「どう猛」というイメージを持つことがあります。animosity はそのようなマイナスイメージを持つ単語です。極めて強い「憎しみや怒り」を表します。上記の英文は「その両国の互いへの憎しみは大きく、停戦協定に達する可能性はないように思われる」という意味です。

48. 一緒に築く
construction（建設）

　今回は、straw「麦わら」です。実は stra-、stri- は「広げる」という意味です。ですから「麦わら」は「広げて敷きつめるもの」が原義だったようですね。さらに「麦わら」を敷きつめた上で栽培した berry は strawberry「いちご」になりました。「街」を表す street も、元はといえば stra- を語源に持つ単語です。少し難しい単語ですが strew「〜をまき散らす」も同じ語源から来ています。

Q This stone arch is one of the oldest existing structures.

A stra- はさらに stru- に変化し、それに伴い「広げる」→「築く」という意味変化も遂げました。そこから、structure「構造・構造物」が生まれました。この単語は、建造物から、the structure of the brain「脳の構造」、the British class structure「イギリスの階級構造」などでも使用できます。上記の英文の意味は「この石のアーチは現存する最古の建造物の1つである」となります。

Q The city has always been the center of Japanese heavy industry.

A industry はラテン語では industria ですが、これは元は indu-「中に」+ stria「築く」から出来た語で、「人間が身体の内にためる力」から「熟練」という意味が生まれ、そこから「勤勉」になり、さらに「製造業・工業」から「産業」にまで発展しました。上記の英文は「その都市はずっと日本の重工業の中心である」という意味です。

Q Follow the instructions on the back of the box.

A instruct ～「～を教える」は、in-「中」+ structure「築く」から、「人の頭の中に何かを組み立てる」が原義です。teach とは違い「情報を伝える」「やり方を教える」という意味で使われます。名詞形が instruction「指示」です。上の英文は「箱の裏の指示に従いなさい」という意味です。

Q The new bridge is under construction.

A construct は con-(= together)「一緒に」+ struct「築く」から、「～を組み立てる」→「～を建設する」という意味になりました。build とほとんど同じ意味ですが、目的語には普通、学校や病院などの公共の大きな建物や橋、道路がきます。その名詞形が construction です。上記の英文の意味は「その新しい橋は工事中だ」となります。

Q A small aircraft obstructed the runway.

A ob-(= against)「に対して」、struct「築く」から、「〜を妨害する」という意味で、「(車や水など)〜が通ることを妨げる・妨害する」から「(計画など)〜を妨害する」まで使えます。上記の英文は「小型飛行機が滑走路の邪魔になっていた」という意味になります。

Q Scientists are looking for cheaper strategies to reduce carbon dioxide.

A この単語は「軍隊を広げていく(＝展開する)」から、「軍隊を展開していくための戦略」に発展し、今では「戦略・計画・方法」の意味で用いられています。上記の英文の意味は「科学者たちは、二酸化炭素を減らす、もっと安価な方法を模索している」となります。

Q Mark has made great strides in his Japanese.

A stride は、「広げていく」から「大またで歩く(こと)」になりました。さらに make a great stride で「長足の進歩を遂げる」という意味になります。よって上記の英文は「マークは、日本語が飛躍的に上達した」という意味です。

Q There are a lot of families struggling to survive on low incomes.

A struggle も、「広げていく」から「もがきながら進む」と変化しました。現在では「非常に困難な状況のもと、けた外れの努力をする」というイメージで使われます。上記の英文の意味は「低収入で頑張って生き延びていこうと努力している家族が多い」です。

Q Our company must constantly strive for greater efficiency.

A strive は struggle とほとんど同じ意味ですが、こちらの方は formal で頻度はかなり下がります。上記の英文の意味は「我が社はさらに効率を高めるために常に努力しなければならない」となります。名詞形の strife は「怒りや憎しみを持ちながら意見が分れること → 争い」の意味で用います。

49. 1人でいる
solitary（単独の）

　コンピューターの付属のゲームでソリティア（solitaire）というのがありますがご存じですか？トランプを用いた単純なルールのゲームですが意外と面白く、このゲームにはまってしまった人もいるのではないでしょうか？この solitaire は「トランプの一人遊び」という意味です。この単語の中にある sole- / soli- は「一人」という意味です。たとえば「ソロ活動」というのは、グループを結成している人が単独で行動することですね。この「ソロ」というのは solo で、ラテン語 solus「ひとつの」からきた単語です。今回はこの solo- を扱いたいと思います。

Q John played with the band for about 10 years before going solo.

A solo は「一人で」という意味の副詞です。主に音楽活動やスポーツなどの活動を一人で行う時に用いられますが、例えば「大西洋の単独横断をした最初の人」という場合にも solo を用いて the first man to sail solo across the Atlantic Ocean と言います。上記の英文の意味は「ジョンはソロになるまで、そのバンドで約10年間演奏をしていた」となります。

Q I was surprised to find that I was the sole Japanese in the room.

A sole は形容詞としても使えます。only とほぼ同じ意味ですが、特に「もっと数が多いはずだと思っていたのに、たった一人だった」という気持ちを表す時に用いられます。上記の英文は「私はその部屋にいた唯一の日本人だと知って驚いた」という意味ですが、この英文では、本当はその部屋にもっと日本人がいると思っていたのに、ということを暗に示しているわけです。

Q Jill is a very solitary woman who doesn't make friends easily.

A solitary は「一人でいる」という意味の形容詞です。似た意味の単語に lonely がありますが、こちらはマイナスイメージの単語です。

［例］ When I first moved to London, I didn't know anyone and I felt very lonely. 「初めてロンドンに引っ越したとき、知り合いは誰もおらずとても寂しかった」

これに対して、solitary の方は必ずしもマイナスイメージを持つわけではありません。上記の英文は「ジルはすぐには友達を作らず、群れを作るのが嫌いな女性だ」という意味です。

Q My grandfather spends his free time in solitude, reading or walking in the hills.

A solitude は、solitary の名詞形でプラスイメージの単語です。日本語でプラスイメージの「一人でいる状態」を表すのは至難の業ですが、たとえば「孤高を保つ」などの訳語が考えられます。上記の英文は「うちのおじいさんは暇な時間は一人で本を読んだり、丘に散歩にいったりして過ごしています」という意味です。「ひとりで」だけでは solitude のプラスイメージを出すことはできませんが、訳文全体としてプラスイメージを伝えられれば構わないでしょう。

Q From our hotel, we saw a desolate landscape of bare trees and stony fields.

A de-(= down)は「強意」で用いられています。ですから solo- を強調した単語だと分かります。desolete は、ある場所を形容する単語で「人も草木も何もなく物悲しい・荒廃した」という意味です。上記の英文は「私たちの宿泊したホテルからは、むき出しの木や石だらけの野が広がるわびしい景色が見えた」という意味です。

Q My daughter sat with a sullen frown on her face, refusing to speak.

A sullen は sull(= solo)+ -en 形容詞語尾からできた形容詞です。「私のことは一人にしておいて!」という感じの、ニコリともせず不機嫌な感じの人を表す形容詞です。普通、「不機嫌な」というのは bad-tempered ですが、この sullen は10代の若者が、しばしば親に見せる不機嫌な態度のイメージを表す単語です。上記の英文は「うちの娘は不機嫌そうにしかめっ面をして座り、口を利こうとしなかった」という意味です。

50. 再び見るほど
respect（尊敬する）

「壮大なスペクタクル」という表現があります。この「スペクタクル」は「(大仕掛けな)見せ物」「光景」の意味ですが、この中に入っているspect-は「見る」という意味です。「眼鏡」はglassesが普通ですが、昔はspectaclesともいいました。近視の人が初めて眼鏡をかけた時に、目の前に広がる光景を見て「すごい！」と思ったからでしょうね。今回と次回の2回にわたって、このspec-／spic「見る」を扱います。

Q Genetically modified food has both negative and positive aspects.

A aspectのa-は本来は「〜を」という意味です。覚える時にはa-を「1つの」と考え「一つの見方」と覚えた方がわかりやすいと思います。an aspectは「さまざまな見方のうちの一つの見方・側面・面」という訳になります。上記の英文は「遺伝子組み換え食品はマイナス面と同時にプラス面を有している」という意味です。

Q Mr. Smith is not the most popular teacher, but the students respect him.

A re- (= back)から「再び」です。ですから respect は「〜を振り返って見る」が原義です。日本語の「振り返って見る」はマイナスイメージにもなりますが、この単語はプラスイメージで用いられ、「〜を尊敬する、〜に敬意を示す」の意味です。上記の英文は「スミス先生の人気は一番ではないが、生徒からは尊敬されている」という意味です。

Q These two plants are alike in many respects.

A 名詞の respect は、in 〜 respect の形の時には re- の部分を無視して、「見るところ」→「見る点」→「点」となります。たとえば in many respects は「多くの点で」という意味です。上記の英文は「この二つの植物は多くの点で似ている」となります。この意味の respect の形容詞形は respective「(通例複数形の名詞を伴って)各々の」で、our respective rooms なら「私たちの各々の部屋」という意味になります。-ive は「〜の性質をもった」という意味ですから、「点」＝「他からの孤立」と考えれば「各々の」という訳語も納得できます。

Q You should make yourself look a bit more respectable before you go out.

A -able は「できる」ですから、「我々が尊敬できる」→「きちんとした、見苦しくない」の意味です。また -ful は「いっぱい」ですから、You should be respectful of elderly people. と言えば「年配の人には尊敬の気持ちをいっぱい持ちなさい」→「年配の人を敬いなさい」となります。上記の英文は「外出する前に、少しは身なりがきちんとして見えるようにしておきなさい」という意味です。

Q In retrospect, it was the wrong time to set up a company.

A retro- は「振り返って」の意味です。「レトロブーム」などの日本語でも有名ですね。「振り返って見ること」から「回顧」という訳が当てられます。
［例］review the 1970s in retrospect 「１９７０年代を回顧する」
口語で「振り返って見れば SV だ」という場合は Looking back, SV. が普通ですが、この単語を用いて In retrospect, SV. と言うこともできます。上記の英文は「振り返って見ると、会社を設立する時期を間違えた」という意味です。

Q An inspection was carried out at the nuclear power plant last month.

A in-「中」＋ -spec-「見る」ですから、「中を見る」が直訳で、そこから「〜を検査する」という意味に発展しました。この単語は監査係が定期的に調査するとか、査察にくるなどの場合に使います。ですから、日常生活で使う単語ではありません。日常生活で「(故障などの場合に)〜を調べる」は have a look at 〜か、少しかたいですが examine 〜を使うのが普通です。上記の英文の意味は「先月、その原子力発電所で査察が行われた」です。

Q The title match attracted more than 10,000 spectators.

A spectator は「じっと見る人」が語源で、「(催し物、特にスポーツの)観客」という意味です。上記の英文は「そのタイトルマッチには一万人以上の観客が押し寄せた」という意味です。なお、劇場などの観客は audience と言います。

Q Scientists speculate that a giant asteroid hit the Earth millions of years ago.

A speculate は「じっと見る」が語源ですが、今では「(結果がどうなるかを考えるため)憶測をする」「(株などに)投機する」という意味に発展しました。上記の英文は「科学者たちは、何百万年も前に巨大ないん石が地球にぶつかったという憶測をしている」という意味です。

51. 前を見る
prospect（見込み）

　理科の授業で、光をプリズム（prism：語源「のこぎりで切られたもの」）に通して見たことはありますか？ その時に見られる光の色の列を「光のスペクトル（spectrum）」といいますが、ここにもspec- / spic「見る」があります。さらにscopeは「（活動・能力などの）範囲」、spy「スパイ」も、この「見る」から来ている語です。

Q Ann suspected that her husband had been lying.

A su- は sub-「下に」と同じ意味です。原義は「誰かを下からジロッと見る」という意味で、そこから「～だと疑う」という訳語が出てきます。この単語はdoubtと間違いやすいのですが、suspectは肯定的意味を表し、suspect that SV = think that SV と考えておけばOKです。一方、doubt は否定的な意味を表しますので、doubt that SV = don't think that SV と覚えておいて下さい。英文は「アンは夫が嘘をついていたと思っている」という意味です。別訳として「～していたのではと疑っている」でも可能です。

Q Astronauts have brought back specimens of rock from the moon.

A specimen は、spec-「見る」+ -men「もの」から「見られるもの」が直訳です。そこから「(岩石や蝶などの) 標本」の意味で用いられます。さらには「サンプル (sample)」のやや堅い表現としても使えます。例えば blood specimen「血液サンプル」などです。上記の英文の意味は「宇宙飛行士たちは、月から岩の標本を持ち帰った」です。

Q The country is haunted by the specter of civil war.

A specter も「見えているもの」が原義で、文語では文字通りの「亡霊」ですが、現在では「間近の危険・恐怖」という比ゆ的な意味で「亡霊」という意味で用いられます。上記の英文は「その国は、内戦という亡霊につきまとわれている」という意味です。

Q Those events are less important when viewed in perspective.

A per- (= through)「〜を通して」ですから、「全体を通して見る」というイメージの単語です。そこから、絵の技法として「遠近法」という意味も持ちます。

［例］draw a picture in perspective 「遠近法を用いて絵を描く」。

ここからさらに「全体的なものの見方」という意味に発展します。

［例］get a new perspective regarding 〜 「〜について新しい見方をする」／ Keep your perspective. 「冷静な物の見方を失ってはならない」。

前置詞を伴う場合は in あるいは from を用います。上記の英文は「それらの出来事は全体的な立場から見ると私たちにとってそれほど重要ではない」という意味です。

Q Tom was both excited and worried at the prospect of becoming a father.

A pro- は「前方」でした（progress「進歩（＝前に進む）」など）。そこから prospect は「前方を見ること」が原義で、「将来の（プラスあるいはマイナスの）見込み」という意味です。the prospect of 〜で「〜の見込み」です。訳す際に「（将来のことを）〜と考えて」とすることもあります。

［例］I could not bear the prospect of more pressure from him. 「彼からこれ以上の圧力を受けると考えただけで我慢できない」。

左の英文は「トムは自分が父親になることについてわくわくすると同時に不安だった」という意味です。

Q After I saw the teacher's rude behavior, I came to despise him.

A despise は、de- (= down) + -spise「見る」から、「見下す」が原義です。似た表現に look down on ～がありますが、これは「自分の方が偉いと思い～ (人) を見下す」という意味です。それに対して、この despise ～はどちらが偉いなどは関係なく、行動などが人間として許せないため「～ (人・行動など) を嫌う」という意味です。despise oneself for ～なら「～で自分のことが嫌になる」となります。上記の英文の意味は「私はその先生の下品な振る舞いを見て、先生のことを軽蔑するようになった」です。何があったのでしょうか？

Q Edward was conspicuous because he was the only man wearing a red tie.

A con- (= together)「すべて」+ -spic-「見る」ですから、「周りの人がみんな見るぐらいに目立っている」という意味です。「特に周りと全く異なるために目立つ」という時に使われます。上記の英文の意味は「エドワードは赤いネクタイをしている唯一の男だったので目立っていた」ということです。

52. 後に進む
recession（不況）

「プロセスチーズ（processed cheese）」というのを見たことがありますか？ これはナチュラルチーズを加熱・溶解・乳化して作る加工チーズのことです。process「加工」は名詞形ですが、同形で動詞もあります。一番有名なのは「ワープロ」だと思います。これは「ワードプロセッサー（word processor）」の略で、「言葉を加工する機械」という意味です。process や proceed に見られる cess/ceed は「進む」という意味です。今回は、この cess/ceed に焦点を当てます。

Q Please proceed to Gate 5.

A proceed は、pro-「前方へ」＋ -ceed「進む」ですから、「前進する」という意味です。文字通り「前方に移動する」という意味から、それが発展した「準備がはかどる」「仕事が進む」「勉強が進む」などでも幅広く使えます。上記の英文は空港でのアナウンスで、「5番ゲートへお進みください」という意味です。

Q The process of calculating change at supermarkets has been automated.

A proceed の名詞形が process ですから、「進み方」という意味です。そこから「過程・方法・進行」などのさまざまな訳語が出てきます。
［例］the process of decay「腐敗の進行」／ goods in process「加工中の製品」／ S is in process 「～が進行中」／ by a traditional process 「伝統的なやり方で」などです。
上記の英文は「そのスーパーの釣り銭計算のやり方が自動化された」という意味です。

Q Bush succeeded Clinton as president as a result of the closest U.S. presidential election in history.

A suc- は sub-「下」と同じですから、succeed ～で move under ～とほぼ同じ「～の下に進む」という意味です。そこから「誰かの下にもぐり込む」、他動詞として「～の跡を継ぐ」という意味で用いられます。上記の英文は「合衆国の大統領選史上かつてないほどの大接戦の末、ブッシュがクリントン大統領の跡を継いだ」という意味です。なお、succeed to the throne「王位を継承する」などのように自動詞で用いられることもあります。

Q The team has had five successive victories.

A 「継承する」という意味の succeed に、-ive「(性質を)有する」という語尾をつけたのが successive で、「継続した」から「連続した」という意味に発展しました。上記の英文は「そのチームは目下5連勝だ」という意味です。

Q George succeeded in getting into the college that was his first choice.

A succeed〜は「〜を継承する」が基本的な意味ですが、「〜」にくるのは大抵の場合、「自分より偉い人」です。そこから「偉い人の地位を継承する」→「偉くなる」→「成功する」と意味が発展したものと思われます。現在では succeed は 自動詞で「成功する」という意味で使われることが大半ですが、こちらは本来の意味からは随分とかけ離れていますね。上記の英文は「ジョージは第一志望の大学に合格した(入学に成功した)」という意味です。

Q Arthur is a highly successful businessman.

A succeed「成功する」の名詞形が success で、そこに -ful「いっぱい」がついたのが successful という形容詞です。上記の英文では「アーサーは商売で大成功を収めている」という意味です。

Q My hairline is gradually receding.

A recede は、-ceed が -cede になっていることに注意して下さい。re- は「後ろに (= back)」ですから、原義は「後ろに進むです」。そこから「元の位置から後退する・遠ざかる」という意味で用いられます。ただし少し堅い単語で、口語では move away などが普通です。上記の英文の意味は「髪の毛の生え際が徐々に後退している」となります。

Q A lot of factory workers were laid off because of the economic recession.

A recede の名詞形が recession です。economic recession は「経済における後退」ですから「不況」となります。ですから上記の英文の意味は「不況のため多くの工場労働者が一時的に解雇された」です。lay off は「離して置く」→「一時的に〜を解雇する」です。

53. 相手と進む
concession（譲歩）

今回も前回同様 cess/ceed を扱います。最近では「アクセス (access)」「アクセサリー (accessory)」は日本語として定着しましたが、共に ad「方向」＋ ceed「進む」から「接近」「接近したもの」の意味を持ちます。accessory は、日本語と違ってテレビのリモコンなどの「付属品」や、「靴、鞄、ベルト」といったものまで意味しますので注意が必要です。

Q I conceded that I had a number of errors.

A con-「共に」＋ -cede（ceed の変形）「進む」の意味。そこから「相手と歩調を合わせて一緒に進む」→「相手に同調する」→「相手に譲歩する」となりました。一般的には concede that SV「（公式に自分の非とか敗北など）を認める」で使います。admit とほぼ同じような意味ですが、それよりも形式張った単語だと覚えておいて下さい。上記の英文は「私はいくつかの間違いを犯したことを認めた」という意味です。

Q The union made a major concession to the company in agreeing to two plant closures.

A concede の名詞形です。extract a concession「譲歩を引き出す」、give / make a concession「譲歩する」などで使います。また「客に譲歩する」から「値引き」という意味にまで発展しました。
［例］a special concession for regular customers
　　「お得意様への特別な値引き」
上記の英文の意味は「労働組合は大幅な譲歩をし、2つの工場の閉鎖に同意した」です。

Q The snowfall was preceded by a sudden drop in temperature.

A pre-（=before）は「前に」、-cede（ceed の変形）は「進む」の意味です。ですから precede は go before「〜の前に進む」だと覚えておけばよいと思います。直訳すると「Aの後、Bが登場した」となります。A precede B の場合、A → B の流れですが、これを受動態にした B is preceded by A は逆になります。上記の英文は「気温が突然下がったと思ったら雪が降ってきた」という意味です。

Q An unprecedented number of cars, about 500, entered the race.

A precede が形容詞になると precedented ですが、これはあまり使いません。むしろ否定辞の un- をつけた unprecedented の方がよく見られます。これは、「先に進むものがない」から「前例がない」という意味です。ですから「未曾有の」とか「歴史上初めて」などの大げさな表現だと覚えておけばよいと思います。上記の英文の意味は「およそ500台という、かつてないほどの数の自動車がそのレースに参加した」となります。

Q I always try to follow the right procedures in everything I do.

A procedure は proceed「進む」から発展した単語で、「進み方」→「物事の手順」という意味です。
［例］What's the procedure for applying for a visa?
　　「ビザの申請の手順はどうすればよいのですか」
上記の英文は「私はどんなことをするときも、必ずきちんとした手順を踏むことにしている」という意味です。

Q The mayor said that construction costs for the bridge should not exceed $300 million.

A ex-「外に」+ -ceed「進む」ですから、「～の外に進む」→「～を超える」から「(数量・限度)を超える」「他の

ものより勝る」といった場面で使われます。上記の英文の意味は「その橋の建設費用は上限でも3億ドルだ（← 3億ドルを越えてはならない）と市長は言った」です。

Q We have to improve access for disabled visitors.

A a + 同じ子音の連続では、a + 最初の子音は方向性を示す ad- の変形でした。ですから access は「〜へ進むこと」から発展し、「接近」になりました。ただ訳語は文脈によってさまざまですからよく考えて訳す必要があります。上記の英文では「身体障害者の人が来やすくするように施設を改善しなければならない」という訳になります。

54. あらかじめ取る
presume（想定する）

　きちんと作ったコンソメスープ（consomme〈仏〉）は本当に上品な味ですね。さまざまな食材を煮出して凝縮した味です。このコンソメの語源は consume「消費する」と同じです。元は con-「みんな」＋ -sume「取る」が原義ですから、コンソメというのは「食材のエキスを徹底的に取ったもの」の意味だったと思われます。今回は、この -sume-「取る」を扱います。

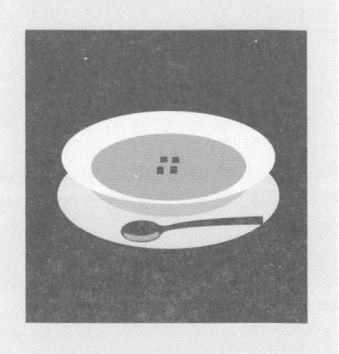

Q I didn't see your bike, so I assumed that you'd gone out.

A a ＋同じ子音の連続では、最初の a ＋子音は方向性を示す ad- でしたね。ただほとんどの場合、ad- の意味は無視しても大丈夫でした。ですから assume はまさに sume「取る」の意味になります。よく使われるのは assume that SV という形で、「SV という意見をとる」から「(根拠もないのに) 〜と仮定する、思い込む」という意味で使われます。上記の英文は「あなたの自転車がなかったので外出していると思った」という意味です。

Q Jill assumed an air of indifference when her name was mentioned.

A assume は、さらに assume responsibility「責任をとる」、assume power「力を持つようになる」、assume great importance「重要性を持つようになる」などでも使われます。すべて「取る」が基本にあることを確認してください。上記の英文は「ジルは自分の名前が出てきても、無関心であるように装った」という意味です。

Q The rule is based on the assumption that everyone has a cell phone.

A assumption は assume の名詞形で「(根拠のない) 仮定」という意味です。英文の意味は「その規則はみんなが携帯電話を持っているという仮定に基づいたものだ」です。

Q How much electricity a month does this refrigerator consume?

A con-「(= together) すべて」+ -sume「取る」です。そこから「(燃料〈電気／アルコール〉、ぜいたく品)を消費する」という意味で用いられます。さらに「(時間)を消費する」でも用いることができます。a time-consuming process なら「時間のかかるやり方」です。「消費者」は a consumer で、「消費財」は consumer goods です。また consumer confidence は「消費意欲」という訳語ですから注意して下さい。上記の英文は「この冷蔵庫はひと月にどれくらいの電気を消費しますか」という意味です。

Q Does this price include a consumption tax?

A consume の名詞形です。cut down on the consumption of alcohol なら「アルコールの消費を抑える」で、encourage the consumption of luxury goods なら「ぜいたく品の消費を奨励する」です。standby electricity consumption は「待機消費電力」の意味です。上記の例文の意味は「この価格には消費税が含まれていますか」です。consumption は、昔は「肺病 (=体力をすべて食いつくす病気)」という意味を持ちましたが、現在では「肺病」は tuberculosis (T.B.) が普通です。

Q The meeting resumed at 1:00 in the evening.

A re- は「再び」ですから「再び取る」が直訳です。そこから「(中断していたものを) 再開する」という意味で用います。上記の英文は「その会議は午後1時に再開した」という意味です。この英文を we を主語にして We resumed the meeting at 1:00 in the evening. と言うことも可能です。他の例を挙げておきます。

Q I presume that we'll be there by one o'clock.

A presume は、pre-「(= before) 以前に」-sume「取る」ですから、「あらかじめ、ある意見をとる」→「(あらかじめ) ～と想定する」という訳語が当てられています。「根拠なく想定する」というのは assume と同じですが、presume は pre- がついていますので、「特に未来のことを (事前に) 想定する」場合に用いられます。上の英文は「私たちは1時までにはそこに着けると思います」という意味です。

Q Presumably you've all noticed her changes.

A presumably は probably「おそらく」とほぼ同じ意味で、確信度がかなり高い場合に使います。上記の英文は「おそらく、君らはみんな彼女の変化に気づいているだろう」という意味です。

55. グルグル回る
circuit（回路）

　飛行機が目的地に向かう途中に、燃料補給などの理由で、目的地以外の空港に立ち寄ることがあります。特に時間を要する場合には、空港内で時間をつぶす許可がもらえます。そんな乗客にはtransit「通過」という券が配られます。trans- は「横切って」で -it- は「行く」ですから、「その空港を通過していく乗客」という意味なのです。また、イギリスで transit mall と言えば「自動車の乗り入れを制限し、歩行者とバスや路面電車などの公共交通機関のみが通行できる一定の商業空間」のこと。今回はこの -it- に焦点を当ててみたいと思います。

Q We made for the emergency exit.

A ex- は「外」ですから、文字通り「外に行く」が原義です。そこから「出口」という意味になりました。ところが「出口」の逆は「入り口」ですが、「入り口」は in + it で init のはずなのですが、そんな単語はありません。ふつう entrance と言います。言語は必ずしも美しくありません。上記の英文は「私たちは非常口に進んだ」の意味です。

Q Daniel realized his ambition to become a pilot.

A amb- は「ぶらぶら」という意味です。ambulance「救急車」は、街をあちこち走り回る車ですね。よって ambition は「あちこちぶらぶらと行くこと」というのが原義です。これは昔、ローマで選挙演説をする野心家たちが街中を歩いたことからきています。札幌農学校（現北海道大学）の１期生との別れの際にクラーク博士が "Boys, be ambitious!"「青年よ、大志を抱け！」と言ったのは有名ですね。「野心」＝「行動力」なのかもしれません。上記の英文は「ダニエルはパイロットになる野望を実現した」の意味です。

Q An electrical circuit is any combination of wires and electrical devices through which current can flow.

A circu- は circle「円」ですから「ぐるぐると行く」が原義です。F1などがサーキットを走る時にグルグル回っていますよね。確かにサーキットは circuit なのです。さらに circuit は「（電気）回路」という意味も持ちます。この「回路」にも「回（＝回る）」という漢字が使われているのが面白いですね。上記の英文は「電気回路とは、電流が流れることが可能な電線と電気機器の組み合わせのことである」という意味です。

Q You can change the design during the initial stage.

A 僕のイニシャルは H.T. ですが、イニシャル（initial）の元の意味は、in-「中に」＋ it「行く」から、「どこかに入る最初の一歩」というのが原義なのです。ですから日本語と同様に「姓名の最初の文字」という意味も持ちますが、形容詞では「最初の」という意味です。なお、『トムソーヤの冒険』などのように、少年が大人に成長していく物語を「イニシエーションもの」といいますが、この initiation も initial と同語源の派生語です。上記の英文は「初期段階では設計の変更は可能です」という意味です。

Q Don't keep asking me for advice. Use your initiative.

A initiative は「最初の一歩をとること」が原義です。そこから「人に頼らないで自分で判断する力」という意味になりました。上記の英文は「私に相談ばかりしてないで、自分で判断しなさい」という意味です。さらに initiative は「主導権」という意味に発展しました。take／lose the initiative で「主導権を取る／失う」の意味です。さらに「新たな重要な計画」という意味でも使われます。例えば a new initiative for peace in Iraq なら「イラクの平和のための新しい構想」という意味です。

Q Making the transition from youth to adulthood can be very painful.

A transition は、「ある状態から別の状態へと推移すること」です。例えば the transition from full-time work to full retirement と言えば「ずっと働いている状態から完全に引退した状態への移行」という意味です。the transition period between A and B は「AからBへの移行期間」という意味です。a transitional government は「暫定政権」の意味です。上記の英文は「青年から大人への移行はとても痛みを伴うことがある」という意味です。

56. 外に出る
issue（問題）

　今回も前回に引き続き -it-「行く」を扱います。「トランス状態（trance）」とは、意識がはっきりと目ざめている覚せい状態と違い、意識はなくならないけど、意識が普段とは違った状態に変化している状態のことです。ヨガや座禅、めい想を行っているときになりやすいとされています。この単語も transit と同語源で「通過する」からきました。つまり「正常な状態を通過してめい想状態まで行ってしまう」という意味なのです。

Q Transitive verbs are marked [T] in this dictionary.

A a transitive verb「他動詞」の transitive は transit の形容詞ですから「移りゆく」という意味です。つまり「動作が目的語に移行する」というのが語源です。上記の英文は「この辞書では他動詞は [T]と表記してあります」という意味です。反意語は an intransitive verb「自動詞」で、こちらは「動作が移行しない動詞」という意味になります。辞書では通例 [I] あるいは [VI]と表記されています。

Q The relationship between the two companies is likely to be transient and will last only as long as it is profitable.

A transient は、「横切って行く」→「(ほんの一瞬しか続かない)はかない」という意味の形容詞です。主に堅い文や文学で使われる単語です。passing も同じような意味を持ちますが、こちらの方はもう少し口語的です。上記の英文は「その2社の関係はそう長くは続かないだろう。もうけにつながらなくなれば、すぐに切れてしまうだろう」という意味です。

Q A lot of pedestrians perished due to the suicide bombing.

A perish は、per- が「(= through) 通して → 最後まで」＋ ish「(= it) 進む」から、「(複数の人間や動物が) 死ぬ」という意味になりました。現在では新聞でよく見られる表現です。形容詞形の perishable は「(食品が) 傷みやすい」という意味で用いられます。
［例］Eggs are perishable in summer.（= Eggs easily go bad in summer.）「卵は夏には腐りやすい」
上記の英文の意味は「自爆テロにより多くの歩行者が亡くなった」です。

Q Unemployment is an important issue in the national election campaigns.

A issue はラテン語の exire が古フランス語で issir になり、その過去分詞 issue が「外に出ること」の意味で中期英語に入ってきました。現在では、さまざまな場面で用いられる単語です。まずよく目にするのが「(多くの人に影響を及ぼしうる社会的あるいは政治的な) 問題」という意味です。これは現在論争の争点になっている問題を指します。例えば「政治問題」なら a political issue で、「社会問題」なら a social issue となります。熟語的な表現の S is at issue. は、「Sが現在最も重要な論点になっている」という意味で、take issue with ＋人なら「人に異議を唱える」という意味になります。上記の英文は「失業は国政選挙の重要な争点の1つだ」という意味です。

Q Have you read the latest issue of Newsweek?

A issue は「出てくるもの」という意味から「(切手や雑誌など)を発行する」または「刊行物・〜号」という意味にもなります。切手の発行日に、その切手を封筒に貼り記念印を押したものを「初日カバー」といいますが、これは英語では First Date of Issue Cover と言います。また雑誌で the current issue と言えば「今号」で、the latest issue といえば「最新号」という意味になります。上記の英文は「『ニューズウィーク』の最新号を読みましたか?」という意味です。

Q The U.S. State Department issues millions of passports each year.

A issue は「出てくる」から、「(許可証、ビザなど)を発行する」という意味に発展しました。また、さらに issue ＋人＋ with ／ (issue 〜 to ＋人) で「人に〜を支給する・交付する」の意味でも用いられます。上記の英文は「アメリカ国務省は毎年何百万ものパスポートを交付している」という意味です。

57. ねじって返す
retort（言い返す）

　レトルト食品（retort）は完全に日本人の生活に浸透しました。このretortの中にあるtortは「ねじる」という意味で、retortは「ねじり返したもの」が原義です。「レトルト」は元は蒸留に用いる化学実験器具の1つで、フラスコのクビが曲がった形をしたものを指しました。そこから「大気圧以上の圧力を用いて、110度から140度で缶詰、袋詰め食品などを加熱、殺菌する」の意味で用いられるようになりました。ところで「ボンカレー」が世界初の一般向けレトルト食品なのをご存じでしたか？また、「たいまつ」のことを「トーチ（torch）」と言いますが、これは元は「麻をねじってろうに浸したもの」の意味でした。さらに、「（陸の）亀」をtortoiseと言いますが、これもtortが「首のねじれ」を表します。昔、「亀」は「悪魔のような動物」と呼ばれていました。日本語の「もしもし亀よ、亀さんよ」とは随分異なるイメージですね。こうした-tort-「ねじる」が今回のテーマです。

Q The suspect remained silent under torture.

A 語尾の -ure は動作を示す接尾辞で無視しても構いません。ですから torture は「ねじること」が原義です。ただし「生きた人間の身体をねじる」から「～を拷問にかける」「拷問」という意味に発展しました。随分とひどい話ですね。なお、「拷問を受ける」は suffer torture といいます。上記の英文は「その容疑者は拷問を受けても口を割らなかった」という意味です。

Q You have distorted the fact deliberately.

A dis-「分ける」＋ -tort「ねじる」から「～をゆがめる」という意味で用いられます。名詞形の distortion は「事実をねじ曲げること」から「光線や顔をゆがめること」まで幅広く用いられます。たとえば、His face was momentarily distorted by anger. なら「彼の顔は一瞬、怒りでゆがんだ」という意味になります。上記の英文は「君は故意に事実をゆがめている」という意味です。

Q What you said was an obvious distortion of the facts.

A distortion は distort の名詞形で「ねじ曲げること、ねじ曲げたもの」という意味です。上記の英文は「君の発言は明らかに事実をねじ曲げたものだ」という意味です。

Q Billy angrily retorted, "That is none of your business."

A re-「(= back)返す」+ -tort「ねじる」から、「ねじって返す」が原義となります。そこから「(相手の侮辱や非難に対して激しく)言い返す」という意味になりました。なお、名詞形の retortion は「(国際法における)自国民が受けたのと同様の仕方による報復」という意味をもちます。よってめったに出てくるものではありません。派生語というのは必要なものから、どうでもよいものまで多種多様ですから、何でも覚えればよいというものではないと思います。上記の英文は「それは君の知ったことではない、とビリーは怒って言い返した」という意味です。

Q Jennifer suffered years of mental torment after her son's death.

A tort-「ねじる」+ -ment「こと」から、「ねじること」が原義です。現在では、主に「相当ひどい精神的な苦痛」という意味で用いられています。動詞として使うこともできます。たとえば Don't torment yourself with such thoughts. なら「そんな考えで悩んではいけない」という意味です。上記の英文は「ジェニファーは息子の死の後長年にわたり精神的に苦しんできた」という意味です。

Q Gang members extorted money from the store owners by threatening to burn their stores.

A ex-「外へ」から「外へねじる」が原義です。そこから「相手をねじって何かを取り出す」という意味に発展し、「(金など)をゆすり取る」「(自白を)強引に引き出す」といった場面で使われています。上記の英文は「暴力団は店に火をつけると脅して、店長から金を奪い取った」という意味です。なお名詞形は、extortion です。

●●●「オバマ演説」番外編 ●●●
58. 信用するのが
creed（信条）

　オバマ大統領のフルネームはBarack Hussein Obama, Jr.です。父親の名前は、Barack Hussein Obama, Sr.で、父方のおじいさんの名はHussein Onyango Obamaでした。父親はケニア人でルオ族に属していました。ルオ語は「ナイル・サハラ語派」と呼ばれ、マサイ族のマサイ語もここの語族に属しています。Barackはアラビア語の「ムバーラク（祝福された）」を起源に持つようです。この「ムバーラク」は、エジプト第4代大統領、「ムハンマド・ホスニー・ムバーラク」の家名にも見られますね。今回はこの「祝福された大統領」の演説から、いくつか特徴的な単語を拾ってみたいと思います。

Q On January 20, 2009, President Barack Obama was sworn in as 44th president of the United States and delivered his inaugural address.

A inaugurate は通例受け身形で用いられ「(就任式を行って)就任する」の意味です。augur は「卜占官：古代ローマで鳥の挙動から公事の吉凶を予言した神官」の意味です。そこに in-「強め」がついた単語です。つまり inaugurate は「吉と判断して始める」感じですね。似たつづりの augment「増大させる」、august「威風堂々たる」などは、ラテン語の augere「増やす、強くする」からきた単語で、augur も関連がありそうですが、詳細は不明です。上記の例文は「２００９年１月２０日、バラク・オバマ大統領がアメリカ合衆国第４４代の大統領であることを任命され、就任演説を行った」という意味です。

Q Forty-four Americans have now taken the presidential oath.

A oath「誓い、宣誓」は、Longman Exams Dictionaryでは a formal and very serious promise「正式で非常に真剣な約束」と定義されています。take / swear an oath「誓いを立てる」と覚えておきましょう。この単語は、古英語（Old English）から存在していたようですが、ラテン語 ire「行く」から、ギリシャ語では「運命（人が行くところ）」を経由して、「誓いを立てに行く」から現在の意味になったようです。ラテン語 ire は exit「（外に行く）出口」などに見られます。上記の例文は「これまで44人の米国人が大統領就任宣誓を行った」という意味です。ここで「44人」と述べていますが、実際に宣誓したのは、オバマ大統領を含めて43人です。

Q I stand here today humbled by the task before us, grateful for the trust you've bestowed, mindful of the sacrifices borne by our ancestors.

A bestow は「（称号、栄誉など重要なもの）を与える」という意味で、しばしば bestow on / upon ＋人、の形で用いられます。演説文にはよく登場する単語です。この単語は be-「強め」＋ -stow「（ある場所に）～を置く」からできました。stand「立っている」が同系語です。上記の例文は「私は今日、我々の前にある職務に対して謙虚な気持ちを抱き、あなた方から与えられた信頼に感謝し、

我々の祖先が払ってきた犠牲を心に留めながら、ここに立っている」という意味です。

Q A man whose father less than 60 years ago might not have been served at a local restaurant can now stand before you to take a most sacred oath.

A sacred は、古い英語の sacre「神聖にする」の過去分詞形です。同系語には sanction「(神聖なものにする→厳粛に裁可する)国際法違反国に対する制裁(措置)」、sacrifice「(神聖なものにする→ 生け贄にささげる)犠牲にする、犠牲」などがあります。上記の例文は「60年にも満たない昔だったら、地元の食堂で出入りすることを許されなかったかもしれない者を父に持つ男が、今あなた方の前に立ち、極めて神聖な誓いをすることができる」という意味です。ジーンとくる所ですね。

Q This is the meaning of our liberty and our creed.

A creed は、ラテン語 credere「信用する」からきました。credit「信用」、incredible「(信用できない→)信じられない」、credulous「(信用する性質の→)信じやすい、だまされやすい」などが同系語です。上記の例文は「これこそが我々の自由と信条の意味だ」という意味です。

●●●「オバマ演説」番外編 ●●●
59. 愛して解放する
freedom（自由）

　1863年、日本では「新撰組」が結成された年に、米・ペンシルベニア州のゲティスバーグにおいて、Lincoln は「人民の…」という有名な演説をしました。その冒頭は、Four scores and seven years ago our fathers brought forth on this continent, a new nation, conceived in Liberty, and dedicated to the proposition that all men are created equal.「87年前に私たちの祖先たちはこの大陸に、自由の理念から生まれ、全ての人が平等に創られているという命題に捧げられた一つの新しい国を生み出した」。それから約150年後のオバマ氏の就任演説の中にも "equal" や "liberty" という言葉が見られます。今回も（竹岡と同い年の）オバマ氏の就任演説から。

Q For as much as government can do and must do, it is ultimately the faith and determination of the American people upon which this nation relies.

A faith「信念」は、ラテン語 fidere「信頼する」から来ました。confidence「信頼、自信」、confidential「機密の」、fiance「婚約者」、defy「(信頼が落ちる→)反抗する」などが同語源です。Martin Luther King, Jr も演説の中で、聖書の一節を紹介した後に、This is the faith that I will go back to the South with.「この信念をもって、私は南部へ戻って行く」と述べています。上記の例文は「政府がやれること、またやらなければならないことに対して、つまるところ、この国が依存しているのは国民の信念と決意である」という意味です。

Q We remain a young nation, but in the words of Scripture, the time has come to set aside childish things.

A scripture は、script-「書かれたもの」から「聖典」を意味します。大文字で (the) Scriptures と言えば「聖書」のことです。同系語には subscribe「(下に書く→ 契約書の下に署名する→)(新聞・雑誌など)を定期購読する」、script「(書かれたもの→)(放送・演劇・演説などの) 台本・脚本」、prescribe「(何かの前に書く→ 薬を出す前に書く) 処方する」、manuscript「手で書かれたもの → 原稿」。上記の例文の意味は「我々の国はまだ若いが、聖書の言葉には子どもじみたことをやめる時が来たとある」です。

Q America must play its role in ushering in a new era of peace.

A peace は、ラテン語 pacare「平和にする、調停する」から来た単語です。アメリカ合衆国の覇権を基盤とする「平和」のことを「パクス・アメリカーナ（Pax Americana）」と言います。同系語には the Pacific Ocean「太平洋（静かなる海）」、pay「（平和にする→債権者をなだめる→）支払う」。上記の英文は「米国が、新しい平和の時代に先駆的な役割を果たさねばならない」という意味です。

Q We carried forth that great gift of freedom and delivered it safely to future generations.

A freedom は、free の名詞形ですが、元は「愛する」→「解放してやる」でした。friend「（愛すべき存在→）友人」も同語源です。上記の英文は「我々は自由という偉大な贈り物を運び、未来の世代に無事に届けた」という意味です。

Q We honor them not only because they are guardians of our liberty, but because they embody the spirit of service.

A freedom と同義でもう少し格調高い単語が liberty です。元はフランス語からの借用語で、ラテン語では liberar「自由にする」です。

［例］the Statue of Liberty 「自由の女神像」。
deliver「～を解放する、(子供)を産む、引き渡す」が同系語です。上記の英文の意味は「我々は彼ら（＝亡くなった英雄）を誇りに思う。それは、彼らが我々の自由を守ってくれているからだけではなく、奉仕の精神を具現化しているからだ」です。

Q Today I say to you that the challenges we face are real.

A challenge は、(「ラテン語 calmunia」不当な非難)→向かってくるもの→能力、技量を試すもの→)やりがいのある課題」という意味になりました。上記の英文は「我々が直面している試練は現実のものだと、今日私はあなた方に告げる」という意味です。

謝辞

　毎日新聞社発行の「毎日ウィークリー」（http://mainichi.jp/life/weekly/）編集長、高橋弘司さんから、紙面で連載のチャンスを頂いたおかげで、この本は完成しました。また、同編集部の担当だった小川亞希子さん、吉田哲子さん、米澤佳織さんにも大変お世話になりました。毎回、温かい励ましのお言葉を頂戴し、連載を一度も途切れることなく、やって来られました。また、洛南高等学校の田平稔先生には、訳文作成や校正等で、大変お世話になりました。みなさん、本当にありがとうございました。

竹岡広信

■INDEX(索引)

（ ）内は巻頭のストーリー・ナンバー

A

- abbreviate ……… 30 (5)
- access ………… 223 (53)
- accompany …… 31 (5)
- accomplish …… 30 (5)
- accustom ……… 182 (43)
- add …………… 79 (17)
- adequate ……… 26 (4)
- adjust ………… 25 (4)
- admit ………… 62 (13)
- adolescence …… 25 (4)
- adopt ………… 26 (4)
- advent ……… 27,111 (4)
- advise ………… 105 (24)
- advocate …… 27,85 (4)
- affirm ………… 31 (5)
- affluent ………… 47 (9)
- alien …………… 189 (45)
- alter …………… 189 (45)
- alternate ……… 190 (45)
- alternative …… 190 (45)
- altruism ……… 191 (45)
- ambition ……… 229 (55)
- ambivalent …… 71 (15)
- anecdote ……… 78 (17)
- anemometer …… 198 (47)
- anew ………… 123 (28)
- animate …… 197,198 (47)
- animosity ……… 199 (47)
- anniversary …… 13 (1)
- anthropology …… 127 (29)
- antidote ……… 78 (17)
- appendix ……… 133 (31)
- appetite ……… 75 (16)
- appetizer ……… 75 (16)
- appreciate …… 30 (5)
- apprehension … 82 (18)
- approve ……… 162 (38)
- archaeology …… 127 (29)
- ascribe ………… 67 (14)
- aspect ………… 208 (50)
- assault ………… 91 (20)
- associate ……… 29 (5)
- assume ……… 225 (54)
- assumption …… 225 (54)
- astrology ……… 126 (29)
- atom …………… 181 (43)
- attend ………… 146 (34)
- attention ……… 147 (34)
- attract ………… 93 (21)
- attractive ……… 93 (21)
- attribute ……… 103 (23)

B

- barometer …… 174 (41)
- bestow ………… 242 (58)
- biology ………… 125 (29)
- brand …………… 195 (46)
- breast ………… 194 (46)
- breed …………… 194 (46)
- brew …………… 193 (46)
- bribe …………… 194 (46)
- bride …………… 193 (46)

C

- challenge ……… 247 (59)
- chronic ………… 35 (6)
- chronological … 34 (6)
- circuit ………… 230 (55)
- clarify ………… 113 (26)
- cleanser ……… 114 (26)
- clear ………… 113,114 (26)
- clearance ……… 113 (26)
- commit ……… 61,62 (13)
- compensation … 135 (31)
- competent …… 74 (16)
- competition …… 74 (16)
- compose ……… 59 (12)

comprehension ·· 80 (18)
comprehensive ·· 81 (18)
concede ········ 220 (53)
concession ···· 221 (53)
confess ·········· 37 (7)
confine ······· 48,49 (10)
conserve ········ 54 (11)
conspicuous ··· 215 (51)
construction ···· 201 (48)
consult ·········· 90 (20)
consume ······· 226 (54)
consumption ···· 226 (54)
contend ········ 151 (35)
contract ········ 93 (21)
contraction ····· 94 (21)
contribute ····· 101 (23)
controversy ···· 15 (1)
convenient ···· 109 (25)
convention ···· 110 (25)
conventional ··· 110 (25)
conversation ··· 14 (1)
conviction ······· 22 (3)
convince ········ 23 (3)
creed ············ 243 (58)
custom ·········· 181 (43)
customer ······ 182 (43)
customs ········ 182 (43)

D

declaration ···· 115 (26)
declare ····· 114,115 (26)
define ············· 49 (10)
definite ··········· 50 (10)
definitely ········ 50 (10)
depend ·········· 133 (31)
depression ····· 186 (44)
deprive ········· 138 (32)
derive ············· 18 (2)
derive from ····· 19 (2)
describe ········ 67 (14)
deserve ·········· 55 (11)
desolate ········ 207 (49)
despise ········· 215 (51)
determine ······ 142 (33)
devise ············ 107 (24)
diameter ······· 175 (41)
dimension ····· 175 (41)
dismiss ··········· 63 (13)
disperse ········ 170 (40)
disposal ········· 59 (12)
disprove ········ 162 (38)
distort ············ 237 (57)
distortion ······ 237 (57)
distract ·········· 94 (21)

distribute ······ 102 (23)
distribution ···· 102 (23)
diverse ············ 14 (1)
domain ·········· 154 (36)
domestic ······· 153 (36)
domestication ·· 154 (36)
dominant ······ 155 (36)
dominate ······· 154 (36)
donate ············ 77 (17)
dose ················ 78 (17)
durable ·········· 166 (39)
durables ········ 167 (39)
duration ········ 167 (39)
during ············ 166 (39)

E

ecology ········ 126 (29)
edit ················· 79 (17)
else ················ 191 (45)
emerge ·········· 177 (42)
emergency ···· 178 (42)
emission ········· 61 (13)
emphasize ······ 39 (7)
endow ············· 77 (17)
endurance ····· 165 (39)
endure ·········· 165 (39)

enlighten 130 (30)	fine 50,51 (10)	immense 174 (41)
equivalent 70 (15)	flood 46 (9)	immerse 179 (42)
equivocal 86 (19)	flow 45 (9)	impose 57 (12)
estimate 183 (43)	flu 46 (9)	imposing 57 (12)
evacuate 42 (8)	fluent 45 (9)	impress 185 (44)
evaluate 70 (15)	flush 47 (9)	impression 185 (44)
evidence 107 (24)	fly 45 (9)	improve 163 (38)
evoke 87 (19)	freedom 246 (59)	improvise 107 (24)
exceed 222 (53)	fund 51 (10)	inanimate 197 (47)
exhibition 58 (12)		inaugural 241 (58)
exit 229 (55)		independence .. 133 (31)
expense 134 (31)	**G**	industry 201 (48)
expose 58 (12)	geology 125 (29)	influence 46 (9)
express 186 (44)		initial 230 (55)
expression 186 (44)	**H**	initiative 231 (55)
extend 149 (35)		innovation 122 (28)
extension 149 (35)	homicide 17 (2)	inscribe 66 (14)
exterminate ... 142 (33)	human 97 (22)	insecticide 17 (2)
extort 239 (57)	humanity 97 (22)	inspection 211 (50)
exult 91 (20)	humble 98 (22)	instruction 201 (48)
	humid 98 (22)	insult 89 (20)
	humiliate 98 (22)	intend 150 (35)
F	humor 99 (22)	intent 151 (35)
faith 245 (59)		invent 111 (25)
fame 38 (7)	**I**	issue 234,235 (56)
fatal 38 (7)		
fate 38 (7)	illustrate 130 (30)	

L

- leukemia 131 (30)
- liberty 246 (59)
- light 129 (30)
- light up 129 (30)
- lucid 130 (30)
- lunatic 131 (30)
- luster 130 (30)

M

- madame 153 (36)
- manuscript 66 (14)
- measure 173 (41)
- measurement ... 172 (41)
- merge 177 (42)
- meteorology ... 127 (29)
- metric 174 (41)

N

- neon 123 (28)
- novel 121 (28)
- novelty 121 (28)
- novice 123 (28)

O

- oath 242 (58)
- observe 53 (11)
- obstruct 202 (48)
- oppress 187 (44)

P

- pardon 77 (17)
- peace 246 (59)
- pension 134 (31)
- perish 234 (56)
- permission 63 (13)
- perspective ... 214 (51)
- pesticide 18 (2)
- petition 73 (16)
- philosophical ... 157 (37)
- philosophy 157 (37)
- precede 221 (53)
- prescribe 66 (14)
- preserve 54 (11)
- pressure 185 (44)
- presumably ... 227 (54)
- presume 227 (54)
- pretend 150 (35)
- prevent 109 (25)
- prey 83 (18)
- prisoner 82 (18)
- private 137,138 (32)
- privatization ... 138 (32)
- privilege 139 (32)
- probably 162 (38)
- probe 161 (38)
- procedure 222 (53)
- proceed 216 (52)
- process 217 (52)
- professor 37 (7)
- proofreader ... 163 (38)
- propose 56 (12)
- prospect 214 (51)
- prove 161 (38)
- provide 106 (24)
- provoke 86 (19)

R

- recede 219 (52)
- recession 219 (52)
- renovation 122 (28)
- repetition 73 (16)
- reserve 54 (11)
- respect 209 (50)
- respectable ... 210 (50)

result ……………… 90 (20)	sophisticated ‥ 159 (37)	suicide ……………… 17 (2)
resume ……………… 227 (54)	sophomore ……… 158 (37)	sullen ……………… 207 (49)
retort ……………… 238 (57)	souvenir ………… 111 (25)	supernova ……… 122 (28)
retrospect ……… 210 (50)	specimen ………… 213 (51)	supervisor ……… 105 (24)
reversible ………… 15 (1)	spectator ………… 211 (50)	suppress ………… 187 (44)
revise …………… 106 (24)	specter …………… 213 (51)	suspect ………… 212 (51)
	speculate ……… 211 (50)	suspend ………… 135 (31)
	spend …………… 134 (31)	symmetry ……… 173 (41)
S	spill ………………… 169 (40)	sympathy ………… 33 (6)
	spit ………………… 169 (40)	symptom ………… 33 (6)
sacred …… 117,243 (27)	splash …………… 170 (40)	synchronize …… 34 (6)
sacrifice ………… 118 (27)	spread …………… 171 (40)	synonym ………… 34 (6)
sacrilege ………… 119 (27)	sprinkle ………… 170 (40)	
sanction ………… 118 (27)	sprout …………… 171 (40)	
sanctuary ……… 118 (27)	sputter …………… 171 (40)	**T**
scribble …………… 67 (14)	St. ………………… 117 (27)	
script ……………… 65 (14)	strategy ………… 202 (48)	tendency ……… 145 (34)
Scripture ……… 245 (59)	stride …………… 202 (48)	tender …………… 145 (34)
servant …………… 53 (11)	strive …………… 203 (48)	term ……… 141,142 (33)
service …………… 52 (11)	structure ……… 200 (48)	terminal ………… 143 (33)
sociology ……… 125 (29)	struggle ………… 203 (48)	theology ………… 126 (29)
sole ……………… 205 (49)	submerge ……… 178 (42)	thermometer ‥ 173 (41)
solitary ………… 206 (49)	subscribe ………… 65 (14)	torment ………… 238 (57)
solitude ………… 206 (49)	subtract …………… 94 (21)	torture …………… 237 (57)
solo ……………… 205 (49)	succeed …… 217,218 (52)	trace ………………… 95 (21)
somersault …… 89 (20)	successful ……… 218 (52)	tradition ………… 79 (17)
sophia …………… 158 (37)	successive …… 218 (52)	trail ………………… 95 (21)
sophist ………… 158 (37)		transient ……… 233 (56)

transition ······ 231 (55)
transitive ······ 233 (56)
transmit ········ 62 (13)
tribute ·········· 102 (23)
triumph ·········· 39 (7)

U

unanimous ···· 198 (47)
unattended ····· 146 (34)
universal ········ 13 (1)
unprecedented·· 222 (53)

V

vacant ············ 41 (8)
vacation ········· 42 (8)
vacuum ·········· 41 (8)
vain ················ 43 (8)
valid ··········· 69,70 (15)
value ············· 69 (15)
vanish ············ 42 (8)
vanity ············ 43 (8)
vast ··············· 41 (8)
victim ············ 22 (3)
victory ··········· 21 (3)
visit ············· 106 (24)

vocabulary ······· 85 (19)
vocal ············· 84 (19)
vocation ········· 86 (19)
vouch ············ 87 (19)

Z

zoology ········ 127 (29)

book design
大浦一志アート・デザイン室
大浦 一志 ＋ 三浦 周子

竹岡広信(たけおか・ひろのぶ)

1961年生まれ。京都大学工学部在学当時、父親が主宰する「竹岡塾」で英語を教えたが、教え子全員が志望校に不合格に。その苦い体験から同大学文学部に編入し、試行錯誤の末、語源(ルーツ)にさかのぼって楽しみながら覚える独自の英語習得法を編み出す。同文学部卒業後、駿台予備学校、京都・洛南高校などで英語講師を務める。熱意あふれる授業が好評で、カリスマ講師として講演などにもひっぱりだこ。多くの東大合格者から「先生のおかげで苦手な英語をものにできた」と慕われ、人気漫画「ドラゴン桜」英語教師のモデルとなった。「ドラゴン・イングリッシュ 基本英文100」(講談社)など英語関連の著書多数。

竹岡式　ルーツで覚える英単語

2009年4月1日　　印刷
2009年4月10日　　発行

著者　　竹岡広信
発行人　　大川勇
発行所　　毎日新聞社
　　　　　〒100-8051
　　　　　東京都千代田区一ツ橋1-1-1

印刷・製本　中央精版

＊乱丁・落丁は小社でお取り替えいたします。
Ⓒ Hironobu Takeoka 2009
　Printed in Japan
　ISBN 978-4-620-31932-2